História & Documento e metodologia de pesquisa

HISTÓRIA &... REFLEXÕES

Eni de Mesquita Samara
Ismênia S. Silveira T. Tupy

História & Documento e metodologia de pesquisa

2ª edição

autêntica

Copyright © 2007 Eni de Mesquita Samara e Ismênia S. Silveira T. Tupy
Copyright © 2007 Autêntica Editora

Todos os direitos reservados pela Autêntica Editora. Nenhuma parte desta publicação poderá ser reproduzida, seja por meios mecânicos, eletrônicos, seja via cópia xerográfica, sem a autorização prévia da Editora.

COORDENADORES DA COLEÇÃO
HISTÓRIA &... REFLEXÕES
Eduardo França Paiva
Carla Maria Junho Anastasia

EDITORA RESPONSÁVEL
Rejane Dias

EDITORA ASSISTENTE
Cecília Martins

REVISÃO
Rosemara Dias dos Santos

CAPA
Alberto Bittencourt
(sobre Coleção José Bonifácio.
Acervo do Museu Paulista da
Universidade de São Paulo)

DIAGRAMAÇÃO
Waldênia Alvarenga

    Samara, Eni de Mesquita
S187h História & Documento e metodologia de pesquisa / Eni de Mesquita Samara e Ismênia Spínola Silveira Truzzi Tupy . – 2. ed. – Belo Horizonte : Autêntica Editora, 2010.

    168 p. – (História &... Reflexões,10)

    ISBN 978-85-7526-243-6

    1.Pesquisa histórica-metodologia. I.Tupy, Ismênia Spínola Silveira Truzzi. II.Título. II.Série.

                     CDU 930.2

Ficha catalográfica elaborada por Rinaldo de Moura Faria – CRB6-1006

Belo Horizonte
Rua Carlos Turner, 420
Silveira . 31140-520
Belo Horizonte . MG
Tel.: (55 31) 3465 4500

Rio de Janeiro
Rua Debret, 23, sala 401
Centro . 20030-080
Rio de Janeiro . RJ
Tel.: (55 21) 3179 1975

São Paulo
Av. Paulista, 2.073,
Conjunto Nacional, Horsa I
23° andar . Conj. 2310-2312
Cerqueira César . 01311-940
São Paulo . SP
Tel.: (55 11) 3034 4468

www.grupoautentica.com.br

"Mas não escrevo unicamente, nem tampouco sobretudo, para uso interno da oficina. Tampouco cogitei esconder, aos simples curiosos, as irresoluções da nossa ciência. Elas são a nossa desculpa. Melhor ainda: dão frescor aos nossos estudos. Não apenas temos o direito de reclamar, em favor da história, a indulgência devida a todos os começos. O inacabado, embora tenda a ser perpetuamente superado, tem, para todo espírito um pouco ardoroso, uma sedução que equivale à do mais perfeito triunfo. O bom trabalhador, disse, ou disse quase isso, Péguy, ama o trabalho e a semeadura assim como as colheitas."

Marc Bloch, *Apologia da história*, 2001, p. 49-50.

AGRADECIMENTOS

Este livro é fruto de uma vivência didática que acompanha as autoras ao longo de suas respectivas carreiras, a saber: o incentivo à formação de grupos de estudo, ao exercício comum de reflexões sobre métodos e teorias, à troca de experiências e de informações sobre fontes e técnicas de pesquisa histórica, à identificação de problemas comuns, à procura de soluções compartilhadas e ao enriquecimento pessoal e profissional. Mais do que a mera transmissão de conhecimentos, o que se busca assim é o viver o estudo da História, entendendo o diálogo crítico como a ferramenta de trabalho fundamental entre pessoas que dividem interesses afins.

Reafirmando os resultados dessa prática, as autoras puderam contar com a colaboração de orientandos e ex-orientandos da Profª. Drª. Eni de Mesquita Samara, do curso de Pós-Graduação em História Social e Econômica, do Departamento de História, da Universidade São Paulo. As análises sobre o uso de fontes em suas respectivas teses de doutorado e dissertação de mestrado da Profª. Drª. Ana Gicelli Garcia Alaniz, do Prof. Dr. Antonio Otaviano Vieira Jr., da Profª. Drª. Maria Beatriz Nader e da Profª. Madalena Marques Dias são exemplos de relações que permanecem. As de Cláudia Eliane Marques Martinez, de Cristina Cancela, de Igor Renato Lima, de José Weyne Sousa, de Joseph Almeida, de Leandro

Câmara e de Vanessa Bivar apresentam, por sua vez, os resultados atuais do estudo de diversos tipos de documentos históricos em pesquisas em andamento.

Todas essas contribuições reafirmam, assim, que a prática do ofício de historiador não é mais agora, como em épocas distantes, um exercício isolado de busca de erudição. Colocam em destaque didático a lógica da acumulação de conhecimentos a serem compartilhados: instrumentos ou técnicas de trabalho, repertórios de fontes e de bibliografia, bancos de dados, arquivos e bibliotecas, teses e dissertações, publicações atualizadas, entre tantas outras possibilidades de enriquecer o saber histórico pela troca constante de informações especializadas. Não obstante agradecidas, as autoras assumem a plena responsabilidade de quaisquer afirmativas que possam induzir problemas de leitura e compreensão do texto final.

As autoras

SUMÁRIO

INTRODUÇÃO   11

CAPÍTULO I
O documento e sua História   15

O documento na História: as primeiras aproximações   18

O documento na visão dos historiadores nacionais pioneiros   24

As bases científicas do trabalho com o registro histórico   31

CAPÍTULO II
A historiografia recente e a pesquisa multidisciplinar   43

Matrizes teóricas e vertentes de reflexão   44

Novos campos da História e pesquisa multidisciplinar   53

CAPÍTULO III
O trabalho com o documento   67

A pesquisa histórica e os documentos   69

A pesquisa em arquivos e centros de documentação   79

A tipologia das fontes documentais   81

CAPÍTULO IV
A leitura crítica do documento   117

A análise do documento: crítica interna e externa da fonte   120

As fontes e as possibilidades de análise qualitativa e/ou
quantitativa   125

A construção e o uso de bancos de dados   128

PALAVRAS FINAIS   143

REFERÊNCIAS   149

INTRODUÇÃO

Hoje, como no passado, o ofício do historiador – a escrita da História – envolve o conhecimento de um método científico de trabalho, isto é, de um conjunto de operações técnicas, com instrumentos e procedimentos que demandam uma necessária aprendizagem de critérios de cientificidade. Uma tarefa que encontra sustentação na análise crítica do documento histórico, envolvendo alguns procedimentos específicos que permitem respostas às questões previamente elaboradas pelo pesquisador.

Parece óbvio afirmar, assim, que a prática histórica tem sua origem em um projeto de pesquisa que fundamenta o trabalho a ser realizado. Pressupõe, de início, a elaboração de uma hipótese a ser investigada. Ou seja, demanda algum conhecimento prévio do contexto social, cultural e material a ser estudado, pois a qualidade do trabalho realizado – a pertinência das perguntas e a validade das respostas obtidas – remete à relevância da documentação selecionada.

A triagem e a leitura crítica de documentos, portanto, exigem a realização de um levantamento bibliográfico inicial sobre o contexto em que eles estão inseridos. Como o estudo da História repousa na lógica da acumulação de conhecimentos, quanto melhor for realizada esta etapa – a análise dos trabalhos escritos sobre um determinado tema –, tanto melhor podem ser identificadas as mais diversas interpretações de um fato específico. Indo além, até mesmo, podem-se reconhecer contribuições originais, suas possíveis incongruências e as lacunas de informação que ainda possam persistir.

Constata-se, assim, que a elaboração de uma hipótese de trabalho não surge no vazio do conhecimento sobre um assunto. Ao contrário, esse é um procedimento que exige a contextualização do problema, bem como algum domínio de teorias, métodos e técnicas específicas de pesquisa histórica. A busca de respostas constitui um processo ininterrupto que se apoia tanto na historiografia – ou no levantamento bibliográfico – como no estudo da documentação – ou nas fontes apropriadas de pesquisa.

Este livro tem por objetivo explicitar melhor uma etapa essencial aos estudos históricos: a relação entre o historiador e a sua principal ferramenta de trabalho, o documento histórico. Para tanto, procura resgatar, ao longo do tempo, as mudanças que ocorreram no uso das fontes, bem como a ampliação do conceito de documento histórico nas últimas décadas. Recupera, ainda, de forma didática, os grandes núcleos documentais e a sua tipologia, distinguindo, dentro dela, as possibilidades de análises quantitativas e/ou qualitativas das fontes. E, finalmente, procura ajudar pesquisadores, professores, alunos de graduação e de áreas afins, e os demais interessados no estudo da História, a fazer a crítica documental e a criar formas adequadas de sistematização das informações obtidas.

Dividido em quatro capítulos, o livro apresenta, nos dois primeiros e em seqüência temporal, um levantamento historiográfico das grandes transformações ocorridas na definição e no trato do documento ao decorrer do século passado. Logo, no capítulo I – "O documento e sua história" – procura mostrar as mudanças ocorridas no "olhar" do historiador em relação ao documento histórico. Para tanto, discute os conceitos restritivos da História, como a reconstituição do passado e do registro escrito, como a única e fidedigna fonte de pesquisa histórica para chegar aos entendimentos mais atuais desses problemas. E recupera, na visão de alguns dos nossos primeiros historiadores e na dos ícones da historiografia brasileira da primeira metade do século XX, as bases científicas do trabalho com o registro histórico.

O capítulo II – "A historiografia recente e a pesquisa multidisciplinar" – por sua vez, registra e exemplifica algumas das mudanças ocorridas na produção historiográfica no Brasil. Toma como referência a expansão de cursos de graduação em História, a criação de cursos de pós-graduação e a ampliação do intercâmbio científico entre historiadores nacionais e a historiografia internacional. Estabelece, desse modo, um diálogo entre as novas maneiras de "se fazer História" e as possíveis releituras de temas fundamentais da realidade brasileira. E exemplifica alguns objetos da perspectiva multidisciplinar, sustentada, agora, pela ampliação do universo documental antes afeto ao historiador.

Em termos práticos, o capítulo III – "O trabalho com o documento" – problematiza o conceito de documento histórico na atualidade, recuperando algumas discussões metodológicas sobre a sua forma, o seu conteúdo e as suas possíveis classificações. Torna claro que, dado ao avanço do conhecimento, são cada vez mais raras as análises sustentadas por um único tipo de registro. Em seguida, volta-se para o trabalho de pesquisa propriamente dito ou da busca do registro histórico em arquivos e centros de documentação. E, finalmente, detém-se, em ordem propositadamente aleatória, evitando uma pré-classificação que melhor pode ser realizada por cada pesquisador, em função do tema, abrangência e temporalidade de seu estudo, em exemplos de alguns dos principais tipos de documentos.

Complementando este livro, o capítulo IV – "A leitura crítica do documento" – tem por objetivo discutir a necessidade de analisar o documento histórico de forma crítica, questionando as informações que o mesmo apresenta e estabelecendo parâmetros comparativos entre diversas fontes de pesquisa. Procura, exemplificando, ensinar ainda formas adequadas de sistematização de informações obtidas, construindo conjuntos seriais, amostragens e bancos de dados. E, finalmente, dando conta do caráter dinâmico do estudo da História, levanta novas questões, consistindo em um alerta aos que trabalham com as fontes históricas.

É, portanto, a partir desse conjunto bastante diversificado de informações sobre o documento que este livro procura resgatar, de forma didática, os avanços da historiografia ao longo do tempo e as decorrentes mudanças no "olhar" do historiador.

CAPÍTULO I

O documento e sua História

Nos últimos 50 anos, gerações de historiadores começaram seus estudos acadêmicos ao se debruçarem sobre um texto científico, inesquecível, cujas palavras iniciais, paradoxalmente coloquiais, eram: "Pai, diga-me lá para que serve a História."[1] Uma leitura instigante que produzia uma sensação de desconforto, agravada pelas inúmeras indagações que emergiam das reflexões do próprio autor: "Como falar com simplicidade aos leigos e aos doutos?" A erudição seria um pressuposto essencial da ciência histórica? Por que questionar a legitimidade da História? Era mesmo necessário dar conta dos ecos do passado? Das lembranças coletivas? Da perpétua crise de consciência das nossas sociedades? Ou das suas mudanças? O que justificaria, de fato, o trabalho do historiador? E o que, ainda, tornava tudo mais inquietante:

---

[1] Ver BLOCH, Marc. Introdução à História. Coleção Saber, n. 59. Lisboa: Publicações Europa-América, 1965, p. 12. Clássico da historiografia francesa, consiste em reflexões produzidas em condições de extrema adversidade, levando o autor a declarar: "...a impossibilidade em que me encontro de recorrer a qualquer grande biblioteca, a perda dos meus próprios livros, levam-me a confiar muito nas minhas notas e no meu saber adquirido. Na maior parte dos casos, estão-me interditas as leituras complementares e as verificações exigidas pelas próprias leis do ofício cujas práticas me proponho a descrever." (Idem, p. 13).

valeria a pena enveredar pelo caminho profissional dos estudos da História?

Perguntas que assustavam os iniciantes, mas que se afiguravam passíveis de uma resposta rápida e tranquilizadora: bastaria o comprometimento com o estudo e com a dedicação à pesquisa. Ler muito, principalmente os historiadores consagrados; assimilar os seus métodos de trabalho; acumular conhecimentos sobre os temas trabalhados; levantar novas questões; identificar as fontes disponíveis de pesquisa; e realizar um inquérito metódico cuja natureza científica – o trabalho com o documento – seria garantida pela isenção do pesquisador.

Pequenos cuidados, ingênuos, centrados em dois paradigmas: a História como a ciência da reconstituição do passado e o documento impresso e/ou manuscrito como *a* fonte fidedigna, inquestionável, das informações obtidas. Uma visão pueril de "modernidade científica" promovida pela elaboração de um projeto, no qual se definia, pelo menos, o tema a ser tratado, as hipóteses aventadas, os métodos a serem empregados e um levantamento bibliográfico inicial. Com isso assegurado, iniciava-se o trabalho pela pesquisa nos arquivos em busca da *verdade* propriamente dita, que emergiria impoluta dos documentos consultados.

Não está muito longe, assim, o tempo em que os estudos da História se baseavam, principalmente, na compilação de apontamentos associados à escrita – ao documento impresso e/ou manuscrito; o tempo em que a dispersão dos registros e o estado precário de arquivos e bibliotecas haviam induzido historiadores consagrados a declararem:

> A História se faz com documentos. Documentos são os traços que deixaram os pensamentos e os atos dos homens do passado. Entre os pensamentos e os atos dos homens, poucos há que deixam traços visíveis... [...] Por falta de documentos, a História de enormes

História & Documento e metodologia de pesquisa

períodos do passado da humanidade ficará sempre desconhecida. Porque nada supre os documentos: *onde não há documentos não há História.*[2]

Uma visão romântica, centrada em notas escritas e que, por gerações, angustiou inúmeros estudiosos inquietos com os possíveis "vazios" ou com a descontinuidade do conhecimento histórico. Daí a obsessiva preocupação com a identificação, a coleta e a preservação de registros oficiais que marcaram os pioneiros da profissão, em diversas épocas e em distintas sociedades. Um ponto de vista que evoluiu no tempo e que seria superado pelo avanço da História enquanto disciplina científica, como o comprova, nas últimas décadas, uma substantiva produção historiográfica, incluindo-se, dentro dela, as profícuas discussões entre historiadores sobre o seu próprio objeto de estudo.

Reconhece-se, agora, que "o como fazer História" é também produto de uma época determinada, de uma situação histórica peculiar. E que, assim sendo, ela impôs-se como um domínio autônomo do conhecimento humano. Tratava-se de lidar com o relativo: o resgate do homem e da sociedade no tempo pela reconstituição narrativa dos acontecimentos. A História, porém, não era a única ciência a buscar uma explicação dos fatos sociais. Se outras áreas do conhecimento humano tinham o mesmo objeto de estudo, por que, então, não ampliar as fronteiras de seu estudo? Daí a valorização à interdisciplinaridade e ao recurso aos métodos e técnicas de outras áreas que melhor permitem a apreensão do passado. Acatou-se, desse modo, uma noção contemporânea: a História imediata ou a do agora, a que recusa reduzir o presente a um passado de onde tudo se origina e a que coloca em questão a

---

[2] Texto que, na primeira metade do século XX, sintetizava alguns dos então principais questionamentos do ofício do historiador. Faz parte do primeiro manual didático sobre estudos históricos, utilizado em cursos de graduação em História, publicado em nosso País. Ver LANGLOIS, Charles V.; SEIGNOBOS, Charles. Introdução aos estudos históricos. São Paulo: Renascença, 1944. Nosso grifo.

sua própria definição como a ciência do passado.[3] Ou, ainda, a que relativiza o peso dos próprios registros escritos – essenciais, mas não únicos – em que as suas análises se baseavam.

As mudanças ocorridas no "olhar" do historiador em contato com as fontes históricas, por sua vez, podem ser melhor observadas e apreendidas quando associadas à própria História do documento, à sua definição e à evolução do conceito que o permeia. E é, para tanto, que se recorre, a seguir, a casos modelares encontrados na extensa e diversificada produção historiográfica brasileira. Além disso, com o objetivo de obter maior clareza, buscar-se-á associar os diferentes enfoques descobertos nos exemplos selecionados com as discussões teóricas mais significativas encontradas na produção acadêmica nacional e internacional. Logo, a historiografia assume o papel de fio condutor desta narrativa. E, dentro dela, destaca-se a análise de diversos autores em uma dupla perspectiva: a dos que, embora não tenham se detido na apreciação do registro escrito como fonte de pesquisa, se tornaram modelos de referência para o seu estudo; e, especificamente, a dos que se dedicaram à elaboração de textos envolvendo definições, métodos e técnicas de trabalho com o documento.

O documento na História: as primeiras aproximações

Independentemente de seu propósito original, do sentido essencial de sua elaboração, os documentos impressos e/ou manuscritos vinham sendo considerados, por excelência, as fontes principais de estudos e de pesquisas históricas. Sujeitos à identificação e à análise de diferentes olhares, sob diversas abordagens, em temporalidades distintas, permitiam aos

---

[3] Ver JANOTTI, Maria de Lourdes. O livro Fontes Históricas como fonte. In: PINSKY, Carla B. (Org.). *Fontes históricas*. São Paulo: Contexto, 2005, p.15.

historiadores uma ininterrupta reinvenção do passado, o constante refazer da busca de sentido para o mundo em que viviam. Como origem fundamental da narrativa histórica, os documentos deviam ser apreendidos como resultado de um trabalho humano que, ao registrar mensagens emitidas por quem o criava, podia traduzir, embora de modo fragmentado, uma aproximação parcial – os vestígios – de um fato, de um acontecimento, de uma experiência vivida, de objetos ou, até mesmo, de impressões e de sensações.

Uma definição precisa de documento histórico, porém, não apenas varia no tempo e no espaço como também, dependendo do próprio avanço da investigação histórica, demonstra estar em sintonia com os interesses pessoais e identidades culturais de cada pesquisador. Trata-se, sem dúvida, de uma referência fundamental, concretizada em objetos, provas, testemunhos, entre outros referenciais, que, ao garantirem a autenticidade ao acontecimento, distinguem a narrativa histórica da ficção literária. Sendo registros acabados de um fato, em si mesmo, porém, poucas informações podem oferecer sem uma análise crítica especializada. As explicações que proporcionam sobre o passado dependem do tipo de organização – o *método* – adotado por cada pesquisador. Sua relação com o historiador, ou como ele vem sendo apreendido ao longo do tempo, pode ficar melhor explicitada, como se verá a seguir, quando se recorre às referências bibliográficas.[4]

A análise dos textos históricos mais antigos, de produção milenar, aponta, segundo Silva, duas nítidas preocupações de seus autores: transmitir a "verdade" tal como a concebiam os historiadores da época e, ao mesmo tempo, refletir sobre

---

[4] Realiza-se assim um exercício dos primeiros passos da pesquisa histórica. Tendo sido escolhido o tema – o documento histórico –, cumpre realizar um levantamento bibliográfico sobre o mesmo. Sem a pretensão de esgotar o assunto, remete-se o leitor à bibliografia disponível ao final deste livro, na qual se destacam alguns dos estudos historiográficos mais conhecidos.

COLEÇÃO "HISTÓRIA &... REFLEXÕES"

a própria natureza da História.[5] Assim, entre os pensadores gregos e romanos – a historiografia pagã –, estabeleceu-se, paulatinamente, uma "certa tradição", entendendo-se que aqueles que empreendiam a elaboração de um trabalho histórico deveriam não apenas demonstrar seus conhecimentos sobre o tema tratado como também explicitar, em seus relatos, o que, dentro deles, constituía testemunhos pessoais, secundários e o "ouvir dizer". Observam-se, assim, as primeiras preocupações com a origem da informação. Uma postura que evoluiu ao longo do tempo, levando os historiadores das gerações posteriores a realizarem uma avaliação do escrito de seus predecessores, tendo por objetivo preencher as possíveis lacunas encontradas nas diversas abordagens de cada tema.[6]

Dessas práticas da historiografia pagã ao impacto do pensamento cristão, ainda segundo Silva, funda-se uma "nova História"[7], ampliando o espaço a ser investigado, definindo uma identidade concebida como universal (*katholike*) e determinando uma periodização associada aos principais eventos religiosos do catolicismo. Seria, portanto, do cristianismo, da ideia de salvação, de sua aproximação com o sagrado que brotou o acentuado caráter instrumental da História, tendo como objetivo a expansão e a propagação da fé. Disso, por sua vez, derivou a opção dos cronistas pela elaboração de anais e/ou cronografias: um minucioso relato dos fatos do cotidiano

---

[5] Este pesquisador realizou um alentado levantamento de autores, sobretudo estrangeiros, de obras e métodos de interpretação histórica. De seu estudo, decorrem várias possibilidades de sistematização e periodização. A aqui adotada agrupa, muito rapidamente, os primeiros historiadores pagãos, para, em seguida, tratar dos situados no período medieval, no qual fica mais evidente a participação dos cronistas, chegando até ao Iluminismo. Para uma rica crítica da contribuição de cada um deles, ver: SILVA, Rogério Forastieri. História da historiografia. Bauru(SP): EDUSC, 2001, p. 26-53.

[6] SILVA, 2001. Idem, p. 28-29.

[7] Termo recorrente na historiografia que traduz, em diversos momentos, substantivas mudanças de métodos e técnicas de pesquisa histórica, bem como de definição, identificação e trabalho com o documento.

20

dando conta do drama da redenção humana. Constata-se, desse modo, que não seria por acaso que, entendendo o cristianismo como uma religião de historiadores, Marc Bloch tenha levantado questões pertinentes quanto ao peso de sua herança ao tratar da legitimidade da História.[8]

Daí ser comum, entre os historiadores e copistas medievais, a indistinção entre o sacro e o profano, pois seus escritos eram subordinados ao pensamento religioso. E, embora não tenham abandonado a crítica e/ou a cópia dos escritos de seus predecessores, identificaram a produção de documentos históricos com a crônica narrativa, dando conta do registro de eventos relacionados ao cotidiano e aos prodígios da fé.[9] Valorizando a vida política e apoiada em registros de fatos relatados, a crônica conformava, assim, uma visão peculiar de História, cuja ênfase era a preservação da memória de feitos realizados, destacando-se, dentro dela, a consolidação das monarquias europeias do período. Entre os cronistas, é necessário salientar, também, o cuidado com os relatos que, abrangendo fatos e distinguindo nomes, eram apresentados em uma ordem cronológica sequencial.

Da junção do sagrado ao profano à separação entre essas duas categorias, é possível observar um momento de ruptura cujo enfoque se manifestaria na elaboração de textos que questionavam a *História da própria História*. Sob a dupla influência do pensamento renascentista e do reformista protestante, verificou-se a ampliação dos horizontes de investigação, ocorrida tanto no leque dos temas tratados como na própria forma do conceber o ofício do historiador. Nessa época, a retomada dos textos de autores clássicos, gregos e romanos, reafirmou

---

[8] Este autor aprofunda a discussão sobre o cristianismo e a História ao afirmar que: "...colocado entre a Queda e o Juízo Final, o destino da humanidade simboliza, aos seus olhos, uma longa aventura [...]: é na duração, portanto, na História, que se desenrola o grande drama do Pecado e da Redenção, eixo central de toda a meditação cristã." Ver BLOCH, 1965. Op. cit., p. 11-12.

[9] SILVA, 2001. Op.cit., p. 36.

a necessidade de crítica às fontes utilizadas e re-introduziu novos critérios de avaliação da produção historiográfica do momento, colocando sob suspeição não apenas o predomínio do pensamento religioso, mas também os argumentos de autoridade em que os mesmos se baseavam.[10]

Nos séculos que se seguiram, é possível notar-se, distintamente, a preocupação recorrente com a discussão e o entendimento das bases científicas da própria História; e essas questões convergem em um aspecto fundamental: a garantia de fidedignidade do registro em que se basearia o trabalho de um pesquisador. Em busca de veracidade, valorizando os fatos, os documentos oficiais – ofícios, requerimentos, atas, editais, petições, correspondência, entre outros tantos textos que emanavam da autoridade constituída – foram, assim, privilegiados como as principais fontes das pesquisas científicas. Enfatizou-se, desse modo, uma História eminentemente política e, em outro extremo, a elaboração de biografias das principais lideranças nacionais. Constatou-se, também, que essa perspectiva exigia do historiador uma maior especialização: a atenção redobrada na coleta, preservação e estudo do documento escrito.

Duas práticas foram, então, incentivadas. A primeira – relativa à coleta e à preservação dos documentos – se traduziu na formação e organização de arquivos públicos e/ou particulares. A segunda – relacionada à sua análise – demandaria o recurso às chamadas "ciências auxiliares" da História. Destas últimas, foram importados métodos e técnicas de trabalho que permitiram a coleta do documento (Heurística), sua decifração (Paleografia) e sua autenticação (Diplomática). E, dependendo de quanto mais distante no tempo fosse o tema a ser tratado, recorreu-se aos conhecimentos de Epigrafia e da Arqueologia, bem como à Filologia

---

[10] SILVA, 2001. Idem, p. 39.

e ao domínio de outras línguas. O trabalho se especializava e demandaria maior erudição e dedicação do estudioso da História. Este, que, até então, proviera de áreas afins, como Direito e Filosofia, começava por graduar-se em cursos específicos de uma nova e vigorosa disciplina acadêmica.

Em nosso País, *grosso modo*, é possível associar estas últimas diretrizes a dois momentos distintos. No primeiro deles, ocorrido ao longo de quase todo o século XIX, observa-se o apelo à pesquisa científica vinculada ao registro escrito, bem como a preocupação com a coleta, a autenticação, a catalogação e a publicação de fontes impressas que apoiariam o trabalho do historiador. Em estreita associação com as diretrizes de sustentação do quadro político-administrativo, membros da burocracia monárquica promoveram, no Instituto Histórico e Geográfico Brasileiro (IHGB), a coleta nacional e internacional de documentos relativos à História do País. Dos registros recolhidos à sua divulgação, passam, por obras do período, algumas das matrizes nacionais de periodização e a inclusão e/ou exclusão de temas a serem abordados.

Em rápida seqüência, da apreensão do documento à sua análise crítica, foram produzidas, nas primeiras décadas do século XX, algumas das primeiras interpretações históricas globais, obras gerais de referência da historiografia brasileira. Não seria por acaso que o peso dessas iniciativas individuais, em um momento em que a sociedade brasileira conhecia uma acelerada transformação, tenha fomentado a criação de faculdades de Filosofia e, dentro delas, de cursos de História, nos quais foi possível buscar o conhecimento de métodos e técnicas de um trabalho especializado. Configurou-se, a partir daí, uma rápida e extraordinária expansão no número de pesquisadores, de temas trabalhados e das pesquisas desenvolvidas: um processo que, ao afastar os diletantes, desencadearia a paulatina "profissionalização" do

COLEÇÃO "HISTÓRIA &... REFLEXÕES"

próprio ofício do historiador e dos que, por esse caminho, enveredaram.[11]

O documento na visão dos historiadores nacionais pioneiros

Não são poucos os que reconhecem, no final do século XIX, um marco essencial aos estudos históricos: corresponde, na Europa, ao momento de discussão e criação das bases científicas para inúmeras áreas do conhecimento humano, e, entre essas, encontrava-se a própria História. Para atingir esse objetivo, os historiadores da época buscaram associar sua disciplina com aquelas que garantissem o rigor e o êxito da pesquisa instrumental, cabendo ao documento – o registro escrito do fato histórico – afiançar todas as análises por eles realizadas.[12] Tratava-se, portanto, de abandonar as velhas práticas de ofício, as responsáveis pelas crônicas, pela mera transcrição do documento, pelas áridas e minuciosas narrativas dos atos administrativos e/ou trajetórias de líderes governamentais.

---

[11] Vale ressaltar que a profissão de historiador não é, ainda, reconhecida entre nós. Em geral, a ênfase dada nos cursos de graduação em História é na formação de professores do ensino médio e fundamental. Assim sendo, é comum que bolsas de estudo, patrocinadas por organismos oficiais e disponíveis para o estágio inicial da pesquisa acadêmica – a Iniciação Científica –, sejam destinadas àqueles previamente reconhecidos como futuros pesquisadores e/ou professores do ensino superior. A complementação da formação destes últimos passa pelos programas de pós-graduação – mestrado e/ou doutorado – nos quais desenvolvem a pesquisa histórica propriamente dita.

[12] Uma melhor visualização historiográfica desta associação com outras disciplinas científicas pode ser encontrada em vários manuais de iniciação aos estudos históricos. Ver, entre outros e entre os pioneiros mais utilizados em cursos de graduação em nosso País: LANGLOIS; SEIGNOBOS, 1944. Op. cit.; BLOCH, 1965. Op. cit.; GLÉNISSON, Jean. Iniciação aos estudos históricos. In: História geral da civilização brasileira. Volume complementar. São Paulo: DIFEL, 1961; CARR, E. H. Que é História? 2. ed. Rio de Janeiro: Paz e Terra, 1978. Entre os autores brasileiros, destacam-se: RODRIGUES, José Honório. Teoria da História do Brasil. São Paulo: Instituto Progresso Editorial, 1949; RODRIGUES, José Honório. A pesquisa histórica no Brasil. Rio de Janeiro: Instituto Nacional do Livro, 1952; e CAMPOS, Pedro Moacyr. "Esboço da historiografia brasileira nos séculos XIX e XX. In: GLÉNISSON, 1978. Op. cit.

Uma ênfase maior foi dada, então, à *Paleografia* e à *Diplomática* cujas metodologias e técnicas científicas garantiam a busca, a coleta e a recuperação de registros manuscritos, pois a leitura, a decifração de seu conteúdo e a autenticidade dos documentos constituiria, a primeira tarefa do historiador.[13] O trabalho com a documentação manuscrita imporia, assim e de início, o aprendizado de métodos e técnicas daquelas duas disciplinas que, embora tenham em comum o estudo do documento manuscrito, apresentam pequenas diferenciações entre si. A primeira delas – a *Paleografia* – pode ser associada à leitura, à transcrição e à interpretação de formas gráficas antigas; e a segunda – a *Diplomática* – detém-se, por sua vez, na veracidade e na autenticidade de um manuscrito, analisando onde o mesmo foi produzido, quais os indivíduos que o redigiram e em que momento isso ocorreu. Deve-se considerar também que, se o avanço da identificação e catalogação das fontes manuscritas brasileiras promoveu, nas últimas décadas, uma menor ênfase na análise diplomática, o inverso incidiu sobre os estudos paleográficos, devido ao emprego de séries homogêneas, extensas e significativas que vêm fundamentando, atualmente, o estudo dos mais variados temas, notadamente para o período colonial e monárquico.

No contexto de valorização da prova documental, é possível observar que, entre nossos pesquisadores, com o avanço científico,

> [...] firmam-se ainda outras disciplinas, como a filologia, a arqueologia, a cartografia, a genealogia [...], mais a epigrafia, a sigilografia, a numismática e

---

[13] Para uma conceituação precisa destas duas disciplinas, do histórico da PALEOGRAFIA e um maior detalhamento de seus métodos e técnicas de trabalho, ver: Dias, Madalena Marques; Bivar, Vanessa dos Santos Bodstein. Paleografia para o período colonial. Estudos CEDHAL – Nova Série, n. 11. São Paulo: FFLCH/USP, 2005, p.11-38. In: Samara, Eni de Mesquita (Org.). Paleografia e fontes do período colonial brasileiro. Estudos CEDHAL – Nova Série, n. 11. São Paulo:FFLCH/USP, 2005.

COLEÇÃO "HISTÓRIA &... REFLEXÕES"

a heráldica. *É o esplendor da erudição.* Revelam-se documentos até aí desconhecidos de todos, ao mesmo tempo em que se aperfeiçoa o modo de tratá-los e aproveitá-los. Aparecem publicações especializadas, os arquivos despertam atenções de ordens religiosas e poderes públicos.[14]

Duas grandes correntes historiográficas – a escola alemã e a escola francesa ou, ainda, o historicismo e o positivismo – foram as que, ao final do século XIX, exerceram maior influência sobre os pesquisadores brasileiros. O momento da discussão europeia em que se começava a questionar a validade da História narrativa e factual é, por sua vez, concomitante ao de um primeiro esforço sistematizado de pesquisa histórica em nosso País: a identificação e a recuperação de documentos. E esse empenho coletivo passou pela criação do *Instituto Histórico e Geográfico Brasileiro* (IHGB), em 1838, onde se cultuava, ao mesmo tempo, o pragmatismo da História e o gosto pela pesquisa. Os fins últimos dessa instituição monárquica seriam "coligir, metodizar, publicar ou arquivar os documentos necessários para a História e Geografia do Império do Brasil".[15]

Antes dela, as obras representativas do período colonial e princípio do nacional correspondem a ensaios que são mais crônicas do que História propriamente dita, mais fontes que obras elaboradas.[16] Entre os autores mais antigos, destacam-se nomes como os de Pero Magalhães Gandavo, Fernão Cardim, Gabriel Soares de Souza, frei Vicente do Salvador, Ambrósio Fernandes Brandão, frei Gaspar da Madre de Deus, Sebastião

---

[14] Ver IGLÉSIAS, Francisco. Historiadores do Brasil: capítulos da historiografia brasileira. Rio de Janeiro: Nova Fronteira; Belo Horizonte: UFMG/IPEA, 2000, p. 41. Nosso grifo. Por ser quem realiza, a nosso ver, a mais completa síntese historiográfica da produção histórica brasileira, essa sua obra, publicada postumamente, foi utilizada como referencial didático ao longo deste capítulo.

[15] Ver RODRIGUES, José Honório. A pesquisa histórica no Brasil. 4. ed. São Paulo: Cia. Editora Nacional, 1982, p. 37.

[16] IGLÉSIAS, 2000. Op. cit., p. 23.

da Rocha Pita, João Antônio Andreoni (*Antonil*), entre tantos outros. Seus escritos são mais ricos em descrições da natureza do que em reconstituições históricas e oferecem as crônicas pormenorizadas da vida política, religiosa, militar baseada em informações advindas do atendimento às recomendações da autoridade portuguesa: elaboração de relatórios detalhados das atividades administrativas (atas, instruções, anais, correspondências).

Diante desse quadro, em um trabalho precursor sobre a pesquisa histórica brasileira, de 1952, José Honório Rodrigues afirmava taxativamente que ela nasceu, em nosso País, com a fundação do Instituto Histórico e Geográfico Brasileiro. Antes disso, só teria havido o trabalho individual, crônicas e/ou ensaios, escrito por indivíduos, em sua maioria estrangeiros, que pouco conheciam da realidade que descreviam. Raras, entre eles, teriam sido as exceções. Assim, afirma que foi, portanto, a partir desse momento que se institucionalizou aqui o trabalho sistemático de estudiosos buscando encontrar, em arquivos nacionais ou estrangeiros, documentos novos que fundamentassem os inúmeros temas a desenvolver. Na visão desse historiador, o IHGB e seus correspondentes órgãos provinciais não seriam, porém, uma organização puramente acadêmica, pois tinham, essencialmente, uma função de preservar as fontes, isto é, "o objetivo de investigar, organizar e publicar os documentos históricos brasileiros".[17]

Esse trabalho de coleta e publicação de textos fundamentais visava dar à História uma função pedagógica, romântica, exaltando-a como "a mestra da vida", orientadora dos mais novos para a civilidade e o patriotismo, com base no modelo dos antepassados.[18] Não por acaso, alguns dos pesquisadores de maior expressão no período faziam parte da burocracia

---

[17] RODRIGUES, 1982. Op. cit., p. 37.

[18] IGLÉSIAS, 2000. Idem, p. 61.

monárquica e, ao longo de suas carreiras, coletaram inúmeros manuscritos de interesse histórico em arquivos provinciais, nacionais e/ou de diversos países europeus. Ao longo do século XIX, esta orientação primária – a coleta de documentos mais do que a realização de análises originais – ficaria manifesta na divulgação dos resultados obtidos em pesquisas de arquivo, como o comprovam sucessivos exemplares da revista do IHGB, fundada em 1839.

O "como escrever a História do Brasil" ou o conjunto de diretrizes que demarcariam as bases científicas do instituto e de suas ramificações provinciais foram elaborados, em 1847, por Von Martius. Este, em uma monografia específica, orientava os pesquisadores nacionais a deixarem de lado a antiga prática de descrição da vida política e a priorizarem o exame dos diversos grupos humanos na formação social do País. Detalhando as orientações dessa monografia, Francisco Iglésias destacaria os cuidados apontados por seu autor com necessária reflexão crítica que permitisse superar a elaboração de crônicas ou das meras narrativas. E, ao mesmo tempo, estranharia a falta de uma recomendação mais clara e insistente sobre a necessidade de pesquisas em documentos e do cuidado com as fontes, medidas que sempre se destacaram na escola científica alemã.[19]

Algumas sugestões de Von Martius forjaram diretrizes que marcaram obras fundamentais de Varnhagen e Capistrano de Abreu, historiadores dos mais representativos das mudanças observadas no trabalho do historiador para o período que a ele se seguiria.[20] Entre estas destacam-se as que, voltadas para

---

[19] IGLÉSIAS, 2000. Idem, p. 69-70.

[20] Não se pretende desenvolver aqui um balanço exaustivo dos pesquisadores brasileiros no século XIX e de suas respectivas visões do trabalho com o documento. Para esse balanço, sugerem-se ao leitor, entre outras, as obras de autores consagrados como José Honório Rodrigues e Francisco Iglesias, que, em momentos distintos na segunda metade do século passado, se lançaram nessa aventura. Essas e outras obras de referência estão citadas na bibliografia e ao longo deste capítulo.

a preservação do documento, incluíam o estudo crítico das primeiras obras históricas escritas sobre o País, identificando autores e suas influências, localizando originais em arquivos e acrescentando notas sobre os textos produzidos. E, somando--se as essas, notadamente para o segundo, a eleição de temas como a análise da contribuição de brancos, negros e indígenas na formação da sociedade brasileira, a miscigenação e a originalidade da cultura produzida em território nacional. Ou, ainda, a vivência nas cidades e nos estabelecimentos rurais, as relações sociais e comerciais, uma visão do todo sobre as partes favorecendo as grandes conclusões gerais e, até mesmo, a interiorização da "civilização" – ou os caminhos do sertão.

O primeiro dos historiadores – Francisco Adolfo de Varnhagen –, um estudioso nativo de maior vivência europeia, era o pesquisador de arquivos estrangeiros, incansável na busca e divulgação do documento, valorizando-o a ponto de aceitá-lo sem realizar profundas críticas de conteúdo. Seu interesse pelas fontes manifestou-se em estudos detalhados sobre autores que o precederam, chegando a incluir provas de autoria, como é o caso de Gabriel Soares de Souza, bem como cotejando textos com os códices que os fundamentaram. Escreveu, além disso, obras de sínteses gerais; fez o histórico da colonização portuguesa; selecionou os grandes temas; determinou a periodização do estudo da História em nosso País, ao mesmo tempo em que, dando preferência ao tratamento de aspectos políticos e administrativos, promoveu o culto da ordem e de personalidades. Em seus escritos, alentados, observa-se uma

> [...] grande capacidade de trabalho e visão de conjunto, embora carecesse de uma teoria que lhe enriquecesse a capacidade de intérprete, permitindo-lhe organizar o material, ajudando-o a captar o fio do processo, que às vezes lhe escapava e nem percebia.[21]

---

[21] IGLÉSIAS, 2000. Idem, p. 75.

O segundo – João Capistrano Honório de Abreu –, por sua vez, seria aquele que, ao mostrar os caminhos percorridos pela historiografia brasileira, identificando a documentação utilizada em estudos de antecessores, promoveria o seu grito de independência em relação aos excessos observados de europeísmo.[22] E aquele, também – notadamente em suas anotações sobre a obra de Varnhagen, reconstituindo inúmeras lacunas documentais –, no qual se pode observar um maior rigor científico, pela adoção de um método de trabalho em que não mais bastaria o historiador identificar e registrar suas diversas fontes de pesquisa, mas realizar a crítica do documento ou a necessária reflexão sobre sua autenticidade e credibilidade. Dono de uma formação eclética, autodidata, sua aproximação com textos de Geografia, Antropologia, Economia, entre outras áreas do conhecimento, lhe permitiu incorporar em seus escritos um sentido bem atual de interdisciplinaridade.[23] Escrita em 1907, *Capítulos de história colonial*, sua obra mais expressiva, inaugura os estudos modernos da historiografia brasileira não apenas por escapar da limitação da análise político-administrativa, como também por agregar elementos socioeconômicos: voltando os olhos para a conquista do interior – o sertão –, inclui, dentro dela, o estudo do homem e a ocupação do território.

Na passagem para o século XX, um rápido balanço da historiografia brasileira e da relação entre autores e o documento permite concluir que a influência da "escola científica alemã" promoveu a valorização do documento – a busca, a identificação e a coleta de registros escritos sobre a História do País –, sustentando a crítica às crônicas narrativas e o seu gradativo abandono. A criação do Instituto Histórico e Geográfico Brasileiro e de uma publicação especializada

---

[22] Ver RODRIGUES, José Honório. História e historiadores do Brasil. São Paulo: Fulgor, 1965, p. 19.

[23] IGLÉSIAS, 2000. Idem, p. 119.

História & Documento e metodologia de pesquisa

– revista – lançou as bases da pesquisa histórica científica nacional. Para tanto, a divulgação de monografia específica sobre como fazer a História do País, ao mesmo tempo em que elegeu a formação da população e a miscigenação como novos temas de estudos, sugeriu a realização de sínteses globais que relativizaram enfoques político-administrativos. Por outro lado, a aproximação dos membros do IHGB com a burocracia monárquica influenciou a apresentação do período colonial como parte de um processo contínuo de civilização e modernidade – a Nação Brasileira. Todas essas características se fundamentaram em mudanças metodológicas observáveis na relação entre o historiador e o documento.

As bases científicas do trabalho com o registro histórico

As primeiras décadas do século passado correspondem a um momento de profundas transformações em nossa sociedade. Em torno delas, seus contemporâneos registraram amplas questões quanto ao rompimento do quadro monárquico-escravocrata e à instalação do federalismo republicano. Outras tantas se referiam ao estágio da economia agrário-exportadora e às iniciativas da industrialização; à incorporação de milhares de famílias imigrantes; à definição da população brasileira; às novas práticas médicas-sanitaristas; ao crescimento das cidades e ao impacto da introdução de novas tecnologias; bem como à regulamentação dos direitos e deveres dos indivíduos na promulgação do Código Civil e, não menos importante, no impulso renovador de uma modernidade que, para muitos, se afigurava ameaçadora da ordem e da família tradicional brasileira.

Um período de efervescência que, observado muito depois, estaria registrado nos mais diversos tipos de documentos: decretos, atas, ensaios, jornais, revistas, contos, romances, canções, diários, correspondências, vestígios materiais constituem apenas alguns exemplos. Tais registros formam um

31

proficuo conjunto de documentos que fundamentariam, nas últimas décadas do século XX e nos primeiros anos do XXI, inúmeras pesquisas acadêmicas relativas às mais distintas linhas temáticas como as sustentadas pela História econômica, social, das mentalidades, de gênero, da população, da imigração, das mulheres, da família, da transição ao trabalho assalariado, das reivindicações trabalhistas, entre tantas outras. Assim retratam, *grosso modo,* duas perspectivas de análise: as construídas no calor do momento e as de inúmeros historiadores que, décadas mais tarde, se debruçariam sobre elas, buscando reconstruir o impacto da configuração do sistema capitalista na sociedade brasileira.

Ressalva-se, porém, o que deveria ser evidente para qualquer estudioso da História: os inúmeros testemunhos da época, ao espelharem diversos ângulos, visões e/ou compreensões da realidade sobre as transformações ocorridas na sociedade brasileira, não refletiam, necessariamente, uma perspectiva imediatista de progresso ou modernidade. Em sua maioria, eles avalizam a compreensão de indivíduos e/ou de grupos de pessoas, unidos por interesses tão diversos quanto à sustentação de um modelo político-econômico, de uma crença religiosa, de reivindicações trabalhistas e/ou de cidadania, entre tantos outros. Ou, ainda, configuram registros de discussões de caráter teórico-metodológico, notadamente sobre doutrinas como o positivismo e sua influência em uma ou mais áreas do conhecimento científico. Entre estas, as que interessam mais de perto nesse momento são as que, direta ou indiretamente, contribuíram para o avanço do conhecimento histórico em nosso País.

Nesse contexto de efervescência intelectual, é possível, também, tomar como outra referência didática as discussões sobre a política educacional a ser implantada no Brasil, notadamente quanto à formação de suas "elites" dirigentes que culminaria com a fundação de universidades em São Paulo e na cidade do Rio de Janeiro. Dentro delas, foram criadas as faculdades de Filosofia e Ciências Humanas, destacando-se os cursos de graduação em História. A formalização desses cursos, por sua vez, não se constitui apenas em um marco na profissionalização do ofício do historiador no País; mais do que isso, eles surgiram centralizando esforços de respostas às questões essenciais da constituição do povo e da nação brasileira.

O estudo da História no País, desde então e acompanhando discussões teórico-metodológicas internacionais, negaria ensaios interpretativos, se distanciaria de estudos genealógicos e passaria a obedecer a critérios científicos de pesquisa documental. Destacava-se o esforço de alguns precursores, notadamente o de Capistrano de Abreu, que, encerrando o período anterior e lançando as diretrizes para o novo que se iniciava, produzira uma obra histórica magistral. Esta fora sustentada por rigoroso método científico, manifesto tanto na precisão da análise e reprodução documental como na associação dos estudos históricos com os desenvolvidos por outras disciplinas, buscando o preenchimento de lacunas de conhecimento do passado. E elegiam-se alguns autores contemporâneos, como Oliveira Vianna, Alcântara Machado, Gilberto Freyre, Sérgio Buarque de Holanda, Caio Prado Júnior, entre tantos outros, que, fazendo ou não parte da academia e sob diversas perspectivas, abordavam a questão da formação da sociedade brasileira.[24]

Entre todos os autores citados, Oliveira Vianna é o necessário contraponto à associação entre uma revigorada investigação histórica e o rigor documental que a sustentaria. Ele foi, ao mesmo tempo, quem menos se aproximou da pesquisa documental e quem mais se afastou das novas hipóteses

---

[24] A seleção destes autores configura exemplos de trabalhos distintos que exerceriam maior ou menor grau de influência em estudos acadêmicos posteriores. Não emite juízo de valor sobre quaisquer outras obras produzidas no período em questão e nem mesmo sugere que os autores citados tivessem o mesmo rigor científico.

científicas que contestavam seu pensamento "oficioso", pois, entre todos, é quem mais influenciou a definição de políticas educacionais no País. Seu distanciamento, porém, não o impediria de declarar sua intenção de realizar uma avaliação realista da sociedade, buscando apoio seguro nos pressupostos das ciências ditas "exatas", como a Biologia e a Frenologia, na neutralidade proporcionada pela rigorosa observação científica das determinações geográficas e sociais, peculiares à "História" do País.[25] Em seu comprometimento com a visão autoritária do Estado, baseou-se em autores polêmicos e ultrapassados, chegando a afirmar que:

> [...] o culto do documento escrito, o fetichismo literalista é hoje corrigido nos seus inconvenientes e nas suas insuficiências pela contribuição que à filosofia da História trazem as ciências da natureza e as ciências da sociedade.[26]

Da negação do documento à busca de fontes primárias até então ignoradas, José de Alcântara Machado Oliveira contestara, em 1929, em minuciosa pesquisa realizada em 450 inventários *post-mortem*, as afirmativas de opulência e ostentação dos paulistas encontradas pouco antes em Oliveira Vianna.[27] O caráter pioneiro de sua obra – o trabalho com fontes até então ignoradas pelos historiadores e o cuidado em explicitar as possibilidades de abordagens dos registros cartoriais – tornou *Vida e morte do bandeirante*, uma das

---

[25] Ver BRESCIANI, Maria Stella M. O charme da ciência e a sedução da objetividade: Oliveira Vianna, cientista social. In: SILVA, Sérgio S.; SZMRECSÁNYI, Tamás (Orgs.). História Econômica da Primeira República. São Paulo: Hucitec/ Associação Brasileira de Pesquisadores em História Econômica/EDUSP/Imprensa Oficial, 2002, p. 103-29.

[26] IGLÉSIAS, 2000. Idem, p. 191.

[27] Em Populações meridionais do Brasil, de 1920, Oliveira Vianna, interpretando, de modo liberal e acrítico, genealogistas como Pedro Taques, chegou a uma fantasia delirante sobre a população paulista, cometendo um dos maiores anacronismos do século passado. Ver IGLÉSIAS, 2000. Idem, p. 175.

História & Documento e metodologia de pesquisa

obras-primas da historiografia brasileira.[28] Recusando os ideais ufanistas de uma epopeia paulista, este autor se deteve no estudo do cotidiano, no levantamento de dados sobre as condições de povoamento, do sítio e da roça, do mobiliário, dos utensílios de mesa, da indumentária. E, ainda, recuperou informações fundamentais quanto à constituição da família, à saúde, à religião e à morte de sua população. Não por acaso, décadas mais tarde, nas três últimas do século passado, o seu trabalho constituiria referencial metodológico para pesquisas que, sustentadas por fontes cartoriais, versariam sobre a família, o cotidiano, a mentalidade e a cultura material.[29]

Os outros autores citados – Gilberto Freyre, Caio Prado Júnior e Sérgio Buarque de Holanda, ícones da historiografia brasileira – são habitualmente apresentados como os pensadores que, no século passado, maior influência exerceram sobre o pensamento histórico em nosso País. A profissionalização do historiador brasileiro passou, assim, e continua passando, pelo estudo detalhado desses pensadores da formação do povo brasileiro, em torno dos quais surgiu uma profícua bibliografia apresentada em inúmeras pesquisas, dissertações de mestrado, teses de doutorado, artigos em revistas especializadas, biografias, seminários e conferências. Como se verá, a seguir, muito rapidamente, embora cada um deles tenha tido embasamento teórico-metodológico diferente – nenhum era historiador por formação –, e, em alguns momentos, até mesmo divergente, os três tinham em comum o rigor científico no trato do documento histórico.

---

[28] Embora não tenha tido, no momento da divulgação de sua pesquisa, a mesma visibilidade dos outros autores citados, Alcântara Machado foi incluído entre estes pelas ricas contribuições que oferece à historiografia brasileira do final do século passado. Ver OLIVEIRA, José de Alcântara Machado. Vida e morte do bandeirante. 3. ed. São Paulo: Livraria Martins Editora, 1953.

[29] Ver MARTINEZ, Claudia Eliane P. Marques. Bibliografia selecionada e segmentada por temas: cultura material. Londrina: ANPUH/PR, 2005. (texto mimeo.)

35

O primeiro deles – Gilberto Freyre – é imediatamente associado ao estudo da família, destacando, na clássica associação entre a casa-grande e a senzala, as suas raízes patriarcais e, não menos importante, entre os sobrados e os mocambos, a decadência do patriarcalismo na sociedade brasileira. De sua formação acadêmica norte-americana, é possível destacar a influência da Sociologia e da Antropologia, disciplinas que encaminharam sua intensa pesquisa em diversos tipos de documentos e/ou fontes originais. Freyre fundamentou os seus estudos em uma extensa bibliografia internacional, textos de viajantes, crônicas descritivas da realidade, seguidas de pesquisa em arquivos públicos e particulares (conventos, hospitais, colégios, papéis particulares e jornais).[30] Sua alentada formação intelectual pode ser melhor acompanhada na análise das introduções sucessivas apresentadas nas re-edições de suas obras, como o comprova Maria Lúcia Pallares-Burke em uma instigante biografia sobre o autor, na qual ela destaca os caminhos intelectuais de superação do paradigma racista encontrado nas primeiras edições de sua obra-prima.[31]

A obra engajada de Caio Prado Júnior, por sua vez, é imediatamente associada à introdução do materialismo dialético – método socio-histórico de interpretação das contradições sociais ou das lutas de classes em um determinado modo de produção econômico – em nossa historiografia. A militância no Partido Comunista Brasileiro impõe à analise de seus escritos uma visão de conjunto, integrando o intelectual ao partidário, pois, como afirma Fernando Novais, certas características de seu discurso parecem expressar mais

---

[30] IGLÉSIAS, 2000. Idem, p. 195-196.

[31] A divulgação de biografias de personagens marcantes da nossa História, realizadas por historiadores reconhecidos, constitui atualmente uma tendência do mercado editorial brasileiro. Sobre Gilberto Freyre, ver PALLARES-BURKE, Maria Lúcia. Um vitoriano nos trópicos. São Paulo: UNESP, 2005.

diretamente o seu percurso de vida, estabelecendo a ponte entre o autor e a obra.[32]

A análise de sua produção historiográfica aponta, de início, sua necessidade de exaurir o conhecimento da bibliografia que o precede, um passo imprescindível para a introdução de sua crítica contundente à visão histórica oficial. O momento seguinte fundamenta-se, por sua vez, no recurso à pesquisa exaustiva de fontes coevas – correspondências oficiais, relatos de viajantes, memórias, notícias, jornais, entre outras. Da crítica bibliográfica à busca de documentos originais, a sua interpretação histórica da realidade brasileira pautada pela elaboração de novas matrizes elucidativas influenciaria sucessivas gerações de historiadores, cuja produção estaria voltada para a compreensão do processo de colonização, da formação da nação e de suas classes sociais, identificando a especificidade do capitalismo nativo.[33] A análise do conjunto da obra de Caio Prado Júnior permite identificar:

> A preocupação em explicar as relações sociais a partir das bases materiais, apontando a historicidade do fato social e do fato econômico, colocava em xeque a visão mitológica que impregnava a explicação histórica dominante. É o início da crítica à visão monolítica do conjunto social, gerada no período oligárquico da recém-derrubada República Velha: *com as interpretações de Caio Prado Júnior, as classes emergem pela primeira vez nos horizontes de explicação da realidade social brasileira* – enquanto categoria analítica.[34]

---

[32] Ver NOVAIS, Fernando. Sobre Caio Prado Júnior. In: NOVAIS, Fernando A. Aproximações. Estudos de História e Historiografia. São Paulo: Cosac Naify, 2005, p. 283.

[33] Para uma análise mais detalhada de sua obra, entre os estudos mais atuais, ver: MARTINEZ, Paulo Henrique. A dinâmica de um pensamento crítico: Caio Prado Júnior (1928-1935). Tese de Doutorado. São Paulo: FFLCH/USP, 1999.

[34] Ver MOTA, Carlos Guilherme. Ideologia da cultura brasileira. 8. ed. São Paulo: Ática, 1994, p. 28. Grifos do autor.

Sérgio Buarque de Holanda, entre os três, é o autor mais diretamente associado à academia, face à sua atuação no Departamento de História, da Faculdade de Filosofia, Letras e Ciências Humanas, da Universidade de São Paulo. Ele empreendeu seus estudos iniciais sobre a identidade do povo brasileiro em duas obras fundamentais – *Raízes do Brasil* e *Visões do paraíso* – que traduzem um gigantesco esforço intelectual, na melhor tradição do historicismo alemão, e realizam a crítica das matrizes próprias de pensamento nacional. A passagem do "ensaísmo" para a "pesquisa" encontrada em outras obras suas, que tratam, por exemplo, da dimensão da vida material nos tempos coloniais, apenas confirma a persistência de um objetivo original de autoria: a compreensão das direções e limites de nossa civilização, pois esta expressa a originalidade do intercurso intelectual entre os adventícios e os ameríndios.[35] Desse seu objetivo, derivaram, também, as diretrizes que adotava no trabalho com o documento, as mesmas que sugeria serem essenciais às futuras gerações de historiadores:

> Para estudar o passado de um povo, de uma instituição, de uma classe, não basta aceitar ao pé da letra tudo quanto nos deixou a simples tradição escrita. É preciso fazer falar a multidão imensa de figurantes mudos que enchem o panorama da História e são muitas vezes mais interessantes e mais importantes que os outros, os que apenas escrevem a História.[36]

Essa sua preocupação didática manifestava-se, também, na direção do primeiro grande trabalho coletivo – a *História geral da civilização brasileira*, no qual agregou um volume

---

[35] Ver NOVAIS, Fernando A. Caminhos e fronteiras, direções e limites. In: NOVAIS. Op. cit., p. 325-326.

[36] Citação encontrada em DIAS, Maria Odila L. da Silva. Política e sociedade na obra de Sérgio Buarque de Holanda. In: CANDIDO (Org.). Sérgio Buarque de Holanda e o Brasil. São Paulo: Editora Fundação Perseu Abramo, 1998, p. 11.

específico sobre metodologia histórica[37], dando conta do acordo de cooperação técnico-científico entre a Universidade de São Paulo e a Sorbonne (França) –, um esforço de especialistas reunidos para dar conhecimento ao público dos resultados atualizados de suas pesquisas e cujo objetivo seria motivar

> [...] alguns, certamente, [que] encontrarão aí um estímulo para novas pesquisas, levando-a a constituir-se em uma etapa dos estudos da História brasileira, proporcionando novas sugestões, favorecendo novas idéias, fertilizando a mente dos jovens que se sintam atraídos por esse ramo de estudos.[38]

Dos enfoques econômicos e sociais que caracterizaram esse período aos estudos de pesquisa histórica, destaca-se José Honório Rodrigues com publicações específicas sobre o trabalho com o documento propriamente dito. Nem sempre longe da sala de aula, mas pertencendo aos quadros funcionais de instituições de pesquisa, como a Biblioteca Nacional e o Arquivo Nacional, entre outras, no Rio de Janeiro, ele se deteria em questionamentos quanto à natureza da História enquanto disciplina, discutindo teoria e métodos de trabalho em levantamentos historiográficos precursores. Seu contato direto com o documento, com as técnicas de coleta, identificação, catalogação e preservação do registro histórico lhe permitiu uma rica reflexão sobre o ofício do historiador brasileiro, servindo de contraponto a vários textos didáticos elaborados pela historiografia francesa.

De sua vasta produção, merece destaque, aqui, a que se refere ao trabalho com o documento no País e que mais

---

[37] Volume escrito por Jean Glénisson com a colaboração de Pedro Moacyr Campos e Emilia Viotti da Costa.

[38] Ver CAMPOS, Pedro Moacyr. Contracapa. In: HOLANDA, Sérgio Buarque de; CAMPOS, Pedro Moacyr (Dir.). História geral da civilização brasileira. Tomo I. A Época Colonial. V. 1. Do Descobrimento à Expansão Territorial. 4. ed. São Paulo: DIFEL, 1972.

diretamente correu em auxílio à nova geração de historiadores que se formava na academia. Em *A pesquisa histórica no Brasil*,[39] obra ampliada e revista em sucessivas edições, é possível constatar, de início, um esforço didático de divulgação do conceito de fato histórico para, em seguida, distinguir, em um balanço historiográfico de instituições e pesquisadores, diversas perspectivas de trabalho com o documento. Em uma terceira parte, o autor detém-se, à maneira de manual didático, nos instrumentos do trabalho histórico: fontes (preservação e organização); patrimônio histórico (no qual inclui o documento); acesso à documentação (normas de sigilo e reserva); a divisão das fontes (distribui as impressas entre as que se referem à vida prática, à vida volitiva e à vida do espírito); bibliografia (apresenta as primordiais e secundárias); o documento histórico (crítica interna e externa); micropelícula e microfilme (preservação em arquivos). Na quarta parte, apresenta as fontes da História Moderna e Contemporânea, distinguindo documentos econômicos e sociais, diplomáticos e consulares, públicos e particulares, jornais, revistas, periódicos e filmes. Finalmente, trata de arquivos e bibliotecas, no País e no exterior, fornecendo, em muitos casos, um levantamento bibliográfico dessas instituições. E conclui o volume em uma apologia da necessidade de criação de um Instituto Nacional de Pesquisa Histórica.

Observa-se, assim, que a preocupação com o documento determinou sua prática de elaboração de textos didáticos sobre teoria, métodos e técnicas de pesquisa histórica no País, o que permite afirmar que "*se não foi o criador* [deste gênero] *foi ele quem mais fez e marcou rumos*".[40] Caminhos práticos que foram enriquecidos com a participação teórico-metodológica fundamental de Sérgio Buarque de Holanda e Caio Prado Júnior possibilitando uma maior compreensão de suas

---

[39] RODRIGUES, 1952. Op. cit.

[40] IGLÉSIAS, 2000. Idem, p. 218.

respectivas influências na formação de sucessivas gerações de estudiosos. São desses dois últimos, porém, as matrizes que encaminharam a compreensão da realidade brasileira, definindo-se, dentro dela duas grandes linhas temáticas que predominariam nos cursos de pós-graduação, então em processo de instalação no Brasil. Graças a esses pesquisadores e aos seus seguidores, surgiram vigorosos programas de estudo que, vinculados à História Social e à História Econômica, permitiram a discussão da teoria da História, de seus métodos e técnicas de pesquisa e, finalmente, abriram um amplo leque de oportunidades para o trabalho com o documento.

CAPÍTULO II

A historiografia recente
e a pesquisa multidisciplinar

Ao longo da década de 1970, a difusão de cursos de pós-graduação em História, associada às transformações político-sociais ocorridas em nosso País, coincidiu com o esgotamento de modelos de interpretação histórica, sustentados em sínteses globais da realidade brasileira. Entre os pesquisadores, observam-se também, nesse período, profundas mudanças em suas diretrizes de trabalho com ênfase nas questões da contemporaneidade e das minorias, dando voz e lugar aos personagens antes sem História.

Em decorrência, abriram-se novos campos de investigação histórica, com linhas de pesquisa específicas, muitas delas com circunscrição regional, que permitiram, inclusive, o questionamento de inúmeras abordagens gerais sobre o nosso passado.

Ao identificar, portanto, outros objetos e temas, os historiadores tiveram que repensar os conceitos e os próprios domínios da História, provocando uma profunda reflexão sobre a disciplina. E é nesse bojo que se coloca a necessidade de se recorrer metodologicamente às áreas afins, tais como a Demografia, a Economia, a Antropologia, a Sociologia e a Literatura, entre várias outras.[1]

---

[1] Ver LE GOFF, Jacques; NORA, Pierre (Orgs.). História: novos problemas; novas abordagens; novos objetos. 3 v. Rio de Janeiro: Francisco Alves, 1976.

Como resultado dessa visão multidisciplinar e dos desafios teóricos enfrentados, fez-se necessário, ainda, apoiar a análise em documentos históricos que dessem sustentação a temas até então inexplorados ou que permitissem a retomada de outros, a partir de novos olhares.

E a nossa proposta, neste capítulo, é justamente a de entender esse processo que resultou em uma produção recente bastante rica e diversificada, criando novos paradigmas de interpretação da nossa História.

No entanto, dada a complexidade do assunto, faz-se necessário hierarquizar ideias e enfrentar questões, tentando respondê-las, mas definindo alguns referenciais e caminhos de análise.

Assim, vamos primeiro discutir algumas matrizes intelectuais da historiografia brasileira e internacional e a forma como derivam de vertentes de reflexão fundantes do pensamento intelectual do século XX, para, a seguir, entendermos a constituição dos novos campos de pesquisa. E é a partir desses dois conjuntos que vamos discorrer sobre a historiografia recente e a pesquisa multidisciplinar.

Matrizes teóricas e vertentes de reflexão

Publicado ao final da década de 1960, o livro de Maria Sylvia Carvalho Franco, *Homens livres na ordem escravocrata*[2], marca uma mudança significativa na forma de se "fazer História", ampliando o universo do historiador e a sua relação com as fontes documentais. Com uma temática inovadora para a época e reflexão crítica apurada acerca do regime escravista, a autora assenta a sua análise em atas e correspondências da Câmara, inventários, testamentos e processos criminais da cidade de Guaratinguetá, durante o Império e início do período republicano.

---

[2] Ver FRANCO, Maria Sylvia de Carvalho. Homens livres na ordem escravocrata. 3. ed. São Paulo: Kairós, 1983.

A ideia era justamente a de recriar, a partir dessas fontes, os códigos da sociedade escravista, entendendo melhor o sistema de dominação pessoal, mas tendo como foco o homem comum, no caso os livres e libertos, constatando a regularidade do seu aproveitamento como mão de obra no trabalho das fazendas.

Essa discussão, sem dúvida, propicia um grande avanço na compreensão do sistema de trabalho implantado desde o período colonial brasileiro e em reflexões bastante sedimentadas acerca do "modo de produção escravista colonial", presentes em análises como as de Jacob Gorender, em *O escravismo colonial*.[3]

Entendido, portanto, o latifúndio não como uma dualidade integrada, mas, sim, uma unidade contraditória, os homens livres (assalariados, agregados e pequenos cultivadores não escravistas independentes), vistos por Gorender como categorias heterogêneas ao conceito de escravismo colonial, ganham vida e *status* de personagens históricos na obra de Carvalho Franco.

Assim, com a presença desses e de outros novos personagens, praticamente excluídos do discurso histórico, até a década de 1970, passam a acontecer mudanças significativas nas abordagens referentes aos vários períodos da História do Brasil. Soma-se, a essa mudança de enfoque, a própria ampliação do conceito de "documento histórico" nas últimas décadas e a perspectiva multidisciplinar que é exigida para a sua análise face ao teor e à diversidade das fontes que passam a ser utilizadas como instrumentos de pesquisa.

No âmbito internacional, François Dosse, em *A história em migalhas, dos Annales à nova história*,[4] discorre sobre esse longo percurso, que, gestado nos inícios do século XX, traça um novo perfil dos historiadores do presente e da própria

---

[3] Ver GORENDER, Jacob. O escravismo colonial. 6. ed. São Paulo: Ática, 1992.

[4] Ver DOSSE, François. A história em migalhas, dos annales à nova história. São Paulo: Ensaio, 1994.

História, vista na perspectiva de Marc Bloch como a ciência das transformações.

E é somente a partir do acompanhamento cuidadoso do percurso intelectual dos historiadores ao longo do século passado que podemos entender as mudanças de enfoques e de critérios de análise que ocorrem também no Brasil e que explicam especialmente a produção de autores clássicos, como Gilberto Freyre, Sérgio Buarque de Holanda e Caio Prado Júnior[5], entre outros, e os movimentos de renovação que ocorrem a partir de 1950, em que inserimos a obra de Maria Sylvia de Carvalho Franco.[6]

Com isso, é possível visualizar a importância desses cem anos na produção historiográfica nacional e as influências recebidas das escolas estrangeiras, tais como a *New History* e os *Annales*, que foram difundidas por gerações de estudiosos no País, criando um campo fecundo de pesquisa na área.

Mas, afinal, como fica a História e seus novos paradigmas nos inícios do século XXI? Que desafios enfrenta o historiador nesse momento?

Buscando entender e mesmo sintetizar essa "oposição" entre o "historicismo" e a "Nova História" (ou História em Migalhas, ou Micro-História), Ciro Flamarion Cardoso, em *História e paradigmas rivais*,[7] discute essa questão na perspectiva da diversidade de objetos de investigação e alteridade cultural, entre sociedades e dentro de cada uma delas. Ao repensar, portanto, o conjunto da historiografia nos últimos 50 anos, identifica, com clareza, dois grandes paradigmas:

---

[5] Ver FREYRE, Gilberto. Casa grande & senzala: Introdução à sociedade patriarcal no Brasil. 42. ed. Rio de Janeiro: Record, 2001; HOLANDA, Sérgio Buarque de. Raízes do Brasil. 26. ed. São Paulo: Companhia das Letras, 2005; PRADO JÚNIOR, Caio. Formação do Brasil contemporâneo: Colônia. 23. ed. São Paulo: Brasiliense; 2004.

[6] FRANCO, 1983. Op. cit.

[7] Ver CARDOSO, Ciro Flamarion. História e Paradigmas Rivais. In: CARDOSO, Ciro Flamarion; VAINFAS, Ronaldo (Orgs.). Domínios da História. Rio de Janeiro: Campus, 1997, p. 1-26.

História & Documento e metodologia de pesquisa

O iluminista, partidário de uma História científica e racional e, portanto, convencido da existência de uma realidade social global a ser historicamente explicada, e o pós-moderno, cético em relação a explicações globalizantes e tendente a enfatizar em menor ou maior grau, as representações construídas historicamente.[8]

Essa divisão, embora incite a polêmica, é crucial para o entendimento da produção histórica recente, bem como dos dilemas e desafios que enfrenta o historiador na atualidade, e tem sido objeto de inúmeras reflexões[9], como é também o caso de vertentes interpretativas de autores e obras já consagradas na historiografia nacional.

Desse modo, estudos recorrentes de autores clássicos, como Oliveira Vianna e Gilberto Freyre,[10] têm contribuído vivamente para repensarmos as análises feitas sobre temas e períodos da nossa História nas últimas décadas e a influência das matrizes intelectuais dos inícios do século XX como definidoras de uma maneira "nova" de olharmos o passado brasileiro.

No entanto, apesar de todas as transformações permitidas pelo paradigma pós-modernista e da visão crítica acirrada que integra um momento da sua produção, ainda na opinião de muitos estudiosos, pouca coisa mudou nos modelos interpretativos da História Nacional, a começar pela própria cronologia e nomenclatura dos períodos.[11]

---

[8] Ver VAINFAS, Ronaldo. Caminhos e descaminhos da História. In: CARDOSO, Ciro Flamarion; VAINFAS, Ronaldo (Orgs.). Op. cit., p. 441.

[9] CARDOSO; VAINFAS (Orgs.). Op. cit.: e também CARDOSO, Ciro Flamarion; Brignoli Héctor Pérez. Os métodos da História, 5. ed. Rio de Janeiro: Graal, 1990.

[10] IGLÉSIAS, 2000. Op. cit.; BRESCIANI, 2002. Op. cit.; PALLARES-BURKE, 2005. Op. cit.; e KOMINSKY, Ethel Volfzon; LEPIONE, Claude; PEIXOTO, Fernanda Áreas (Orgs.). Gilberto Freyre em quatro tempos. Bauru: EDUSC, 2003.

[11] Ver GLEZER, Raquel. História da historiografia brasileira, construção e permanências. In: SAMARA, Eni de Mesquita (Org.) Historiografia brasileira em debate: olhares, recortes e tendências. São Paulo: Humanitas/FFLCH/USP, 2002, p. 25-46.

Percebemos também que algumas tentativas de estabelecer "novos critérios de periodização", via currículo universitário, que passaram para alguns livros didáticos, como a dos ciclos econômicos (escambo, cana-de-açúcar, mineração, café e indústria) e a que foi estruturada em modos de produção (escravismo, feudalismo, capitalismo), tiveram pouco sucesso.[12]

O enraizamento desses conceitos e das matrizes intelectuais tem dificultado sobremaneira a difusão dos resultados de pesquisa acumulados nas últimas décadas, provocando, inclusive, um distanciamento entre as publicações de cunho acadêmico e o próprio ensino da História. O problema da sua incorporação aos currículos e livros didáticos reside ainda na falta de abordagens gerais, face à característica mais regional e segmentada das obras concebidas a partir do paradigma pós-modernista.

E é diante de mais essa questão que se coloca o historiador na atualidade, dada a importância dos resultados conseguidos nas análises das últimas décadas e a necessidade de encontrar modelos interpretativos que permitam a sua veiculação para um público mais amplo.

Vem daí o esforço perceptível na produção historiográfica recente, no sentido de estabelecer análises comparativas a partir dos dados regionais, de modo a obter um conhecimento mais abrangente da nossa História. Isso não significou, no entanto, o abandono dos critérios recentes estabelecidos para as análises ou mesmo mudanças em relação às escolhas dos núcleos documentais, pondo em risco a revisão bibliográfica crítica ou a postura multidisciplinar.

Nas últimas décadas, com a pulverização da pesquisa histórica nos diversos estados do País, a partir da disseminação dos cursos de pós-graduação, e a criação de vertentes de interpretação com focos regionais, são menores, portanto,

---

[12] GLEZER, 2002. Op. cit., p. 32.

as possibilidades de utilizarmos apenas os campos dos paradigmas polares "iluminista" e "pós-modernista", discutidos por Flamarion Cardoso[13].

Buscando uma maneira própria de "fazer História", os historiadores da atualidade no Brasil e a nossa produção intelectual recente não somente abriram novas perspectivas de análise, como também enfrentaram assuntos já consagrados, ao sair das "salas de visita" da História, como bem coloca Ecléa Bosi no Prefácio de *Quotidiano e poder*, de Maria Odila da Silva Dias.[14]

Assim, como deixar falar os documentos históricos, compreender a alteridade, despir-se das próprias amarras culturais, estabelecer critérios científicos de análise, promover o debate crítico com as outras ciências, reconhecer a necessidade e os riscos da microhistória e das sínteses globais, vincular a pesquisa histórica com as preocupações do presente e fazer uma História plural, multidisciplinar?

Como se pode perceber pelas indagações postas acima, definir os contornos do nosso território é uma das preocupações que enfrenta o historiador do presente e que resulta da efervescência cultural que marcou o século XX, especialmente dos movimentos sociais de inclusão das minorias, que colocaram em xeque uma visão de mundo e de comportamentos.

O que se vê, portanto, no campo da História na atualidade, é um reflexo de tudo isso, mas sobretudo da mudança de enfoque do historiador e da forma de "olhar" o documento histórico, criando novas vertentes de interpretação, mas que não deixaram de lado leituras fundantes do nosso pensamento intelectual e que ainda estão bastante presentes no debate historiográfico das últimas décadas.

---

[13] CARDOSO,1997. Op. cit.

[14] Ver BOSI, Ecléa. Prefácio. In: DIAS, Maria Odila Leite da Silva. Quotidiano e poder em São Paulo no século XIX. 2. ed. São Paulo: Brasiliense, 1995.

Esse é o caso de autores, como Gilberto Freyre, que, em função dos temas abordados e do método de trabalho, ainda se constituem, no século XXI em referências básicas para os estudiosos de diferentes especialidades.

A riqueza e diversidade de objetos que a sua obra oferece ao leitor, o seu método de trabalho e a originalidade das fontes utilizadas, de certo modo, anteciparam os contornos da Nova História defendida pelo grupo dos Annales.

Sendo assim, a sua retomada é frequente, o que demonstra a atualidade do seu pensamento e as inúmeras possibilidades de reflexão que oferece, como é o caso da perspectiva multidisciplinar presente nos seus estudos e que aqui pretendemos analisar a partir do seu livro embrião.

Escrito primeiramente em inglês, em 1922, como tese de mestrado apresentada à Universidade de Columbia, *Vida social no Brasil em meados do século XIX*[15] revela muito da inquietação intelectual de um jovem recém-saído da adolescência e que se tornaria um dos maiores intérpretes e pensadores da vida brasileira ao longo do século XX.

A originalidade do seu ponto de vista multidisciplinar e do seu método descritivo permite, pelo particular, atingir a totalidade e nos conduz, a partir do estudo de qualquer aspecto da vida social, às questões maiores.[16] Como resultado, a leitura da sua vasta produção intelectual, apesar da necessária revisão crítica, influenciou gerações de estudiosos da vida brasileira, aqui e no exterior, tornando-se referência para o entendimento das bases que estruturaram a nossa sociedade.

---

[15] Ver FREYRE, Gilberto. Vida social no Brasil nos meados do século XIX: o livro embrião de Casa Grande & Senzala. 3. Ed. Recife: Fundação Joaquim Nabuco--Editora Massangana, 1985.

[16] Ver GIUCCI, Guilhermo. Gilberto Freyre e o (pós) modernismo. In: KOMINSKY, Ethel Volfzon, LEPIONE, Claude; PEIXOTO, Fernanda Áreas (Orgs.). Op. cit., p. 361-376.

História & Documento e metodologia de pesquisa

Vem daí, portanto, a necessidade da retomada do seu livro embrião por revelar muito do seu método de trabalho e das influências que recebeu na sua formação.

Desse modo, a sua leitura nos incita a decifrar os códigos e penetrar nos "mistérios" dos procedimentos de "reconstituição de alguns aspectos menos ostensivamente públicos e menos brilhantemente oficiais, mas nem por isto, menos sociológica e psicologicamente significativos, do viver em família".[17] Viver em família que se traduz, para Freyre, em segredos de alcova, das cozinhas, das relações afetivas entre pais e filhos, iaiás, mucamas e ioiozinhos o que, em síntese, remonta ao cotidiano dos brasileiros oitocentistas que ainda viviam e recriavam o patriarcalismo como sistema.

Esse interesse pelas "histórias do dia-a-dia" revela as influências dos seus mestres que apontavam para a necessidade de voltar-se não somente para a interpretação econômica do passado, mas também para a sociológica.[18] Era um tempo de efervescência cultural na Universidade de Columbia, em que se vivia o impacto da New History e no qual, à semelhança do que acontecia na França, existia a crença de que era necessário aplicar ao estudo do passado critérios diferentes dos convencionais – aqui entendidos como meramente cronológicos ou apenas concentrados nos fatos políticos. Com isso, o que se pretendia, na realidade, eram análises mais profundas e relativas aos aspectos culturais de uma dada sociedade e que, ao mesmo tempo, fugissem das visões etnocêntricas ou pseudocientíficas pelo especialismo. Assim, como resultado da realização das pesquisas histórico-sociais, seria possível chegar aos grandes complexos culturais, à configuração total das sociedades, desde que estas fossem vistas a partir da sua própria perspectiva, em seus aspectos particulares e valores.

---

[17] FREYRE, 1985. Op. cit., p. 27. Prefácio à primeira edição em língua portuguesa.

[18] Sobre as influências que recebeu e a importância da New History, ver prefácios das edições anteriores.

Isso, sem dúvida, exigia que o estudioso se despisse das suas próprias amarras culturais de modo a não estabelecer critérios de valores superiores ou inferiores, lição que Freyre aprendeu especialmente com Franz Boas, ao superar, em seus trabalhos, as abordagens convencionais da investigação histórica.

E é por isso que, no estudo do pensamento de Freyre, *Vida social em meados do século XIX* ocupa um lugar especial, ao firmar uma forma de interpretação da sociedade brasileira que, além de criar uma tradição historiográfica, revela a disciplina e o método de trabalho utilizado pelo analista no trato das fontes históricas. Em prefácio do seu próprio punho, Freyre insiste que para fundamentar sua pesquisa de mestrado, "se socorreu exclusivamente – dentro dos rigores de técnicas características de teses e de dissertações universitárias – de fontes da época".[19] Com essa afirmação, ele explica o fato de não citar – a não ser brevemente, nomes consagrados da historiografia brasileira como Oliveira Lima e, nem mesmo de raspão Capistrano de Abreu – escritores que se ocuparam retrospectivamente de fatos, costumes e personalidades dos meados do século XIX; e de não ter, inclusive, chegado a tomar conhecimento, no estrangeiro de ensaios, então recentes, como os de Oliveira Vianna.

Tal procedimento é superado neste trabalho por consagrar um método no qual o analista buscava integrar-se ao ambiente característico de uma época. Entendendo que uma dada cultura cria a sua própria paisagem, Freyre objetivava a reconstituição da sociedade patriarcal dos meados do século XIX pelos seus tipos sociais, objetos, móveis e utensílios. Com isso, pretendia recapturar sugestões fornecidas por aquele momento, especialmente pela litografia, daguerreótipos e fotografias.

---

[19] FREYRE, 1985. Idem, p. 39. Prefácio à primeira edição em língua portuguesa.

A riqueza intelectual dessa vertente de análise, preocupada muito mais com a ambientação num dado momento histórico, deixando falar personagens e formas próprias de sociabilidade, já mostrava caminhos fecundos que foram seguidos pelos estudiosos da atualidade, como pensadores da vida cotidiana, da intimidade e da cultura em oposição ao mundo institucional.[20]

Ao lado disso, a visão multidisciplinar que a sua obra como um todo impõe permite que se façam inúmeras leituras do seu conteúdo, para além dos aspectos da vida privada ou mesmo do cotidiano.

Isso explica, portanto, a atualidade do seu pensamento, as análises alternativas possíveis e o seu abandono ou retomada, como se percebe, por exemplo, no debate historiográfico presente em campos novos de pesquisa, como a família, as mulheres, a vida privada, e também nos estudos sobre a cultura material. Sem falar da sua importância nas análises sobre a escravidão, a mestiçagem, o regionalismo, entre outros aspectos relevantes da nacionalidade brasileira que ainda incitam o debate.[21]

Novos campos da História e pesquisa multidisciplinar

Campo multidisciplinar por excelência, a "nova" História da Família no Brasil, surgida após a década de 1970, levou em conta principalmente, a pesquisa em arquivos, os enfoques regionais e a revisão da obra de Gilberto Freyre, em especial no que tange a aplicação de um modelo típico das áreas de lavoura canavieira do Nordeste para caracterizar a sociedade brasileira como um todo.[22] Assim, a impropriedade do seu uso

---

[20] Ver SOUZA, Jessé. A atualidade de Gilberto Freyre. In: KOMINSKY, 2003. Op. cit., p. 65-81.21

[21] Ver KOMINSKY, Ethel Volfzon. Op. cit., 2003.

[22] Ver SAMARA, Eni de Mesquita. Relendo os "clássicos" e interpretando o Brasil: Freyre e os estudos de família. In: KOMINSKY (Org.), 2003. Op. cit., p. 303-311.

COLEÇÃO "HISTÓRIA &... REFLEXÕES"

residiria, principalmente, nas diferenças que existem nesse modelo em relação às várias categorias sociais e situações específicas por regiões, ao longo do tempo.[23] A ideia de "famílias" surge, portanto, na nossa historiografia no decorrer dos anos 1980, depois de uma longa e frutífera discussão em torno dos "modelos ideológicos" que, na década de 1970, buscavam acercar-se de parâmetros comuns diante da diversidade encontrada nas pesquisas empíricas. Com isso, os modelos institucionais passaram a ser interpretados como referências de traços básicos do comportamento familiar, no que tange aos padrões de relações afetivas, sexuais, de solidariedade e mesmo de hostilidade. A partir desse debate, definiram-se, portanto, duas dimensões bastante claras de análise, ou seja, a da realidade "vivida" presente nas práticas costumeiras das populações e aquela "pensada" que é articulada a partir da hierarquia social dominante e que transcende a própria organização familiar.[24] Como decorrência, a questão do patriarcalismo é vista, sobretudo, como um ideal almejado, o que explica a sua penetração nos vários segmentos da sociedade brasileira do passado. A noção plural de família aparece ainda relacionada às mudanças advindas dos fatores socioeconômicos que repercutiram diretamente nas redes de parentesco e de organização dos domicílios.[25]

A busca da harmonização dessas tendências surgiu, sobretudo, na última década do século XX, permitindo o

---

[23] Ver SAMARA, Eni de Mesquita. A família Brasileira. 4. ed. São Paulo: Brasiliense, 1993.

[24] Ver ALMEIDA, Ângela (Org.) Pensando a família no Brasil, da Colônia à modernidade. Rio de Janeiro: Espaço e Tempo, 1987.

[25] Ver entre outros: LEVI, Darrel. A família Prado. São Paulo: Cultura, 1977 e KUZNESOF, Elizabeth. A Família na sociedade brasileira: parentesco, clientelismo e estrutura social (São Paulo, 1700-1980). In: SAMARA, Eni de Mesquita. Família e grupos de convívio. São Paulo: ANPUH/Marco Zero, v. 9, n. 17, set. 1988/fev. 1989, p. 37-64.

avanço da visão monolítica do patriarcalismo e indicando que, apesar das raízes comuns, no caso a origem ibérica, as pesquisas necessariamente deviam voltar-se para a diversificação de experiências dos grupos sociais, etnias e gênero, sem se esquecer das atitudes que, ao longo da nossa História, levaram ou não ao processo de desintegração de tais culturas e experiências.

Isso permitiu, sem dúvida, um avanço nessa área do conhecimento, configurando como não excludentes as visões institucional e multifacetada da realidade brasileira no campo da História da Família.

Por outro lado, essa linha de investigação continua ainda a ser identificada, muitas vezes, com o que poderia compor algumas das suas partes, ou seja, os estudos de gênero, da criança, da sexualidade e mesmo da própria História Psicológica. Isso se explica pela multiplicação das pesquisas e pelo caráter interdisciplinar da área, mas, sobretudo, pela riqueza de possibilidades que o tema e as fontes oferecem para a análise.

Daí ser ainda muito difícil definir seus contornos, sua metodologia e seus acervos documentais específicos. Entretanto, a afirmação de que o estudo da família permite o entendimento da estrutura socioeconômica, da política e mesmo das mentalidades, sendo a chave para o conhecimento da interação entre o indivíduo e as mudanças sociais, é hoje, ainda, o grande trunfo dessa disciplina.[26]

Dessa maneira, é possível, pelo microcosmo da família, entender o todo da organização social, sem deixar de lado as especificidades que interessam ao historiador no presente, o que, de certa forma, resgata, para o nosso tempo, a metodologia

---

[26] Ver HAREVEN, Tamara. The History of the family as an interdisciplinary field. In: RABB, Theodore e ROTBERG, Robert (Orgs.). The Family in History. New York: Harper & Row, 1973. p. 211-216.

a que se impôs Freyre na elaboração do livro embrião *Vida social no Brasil em meados do século XIX.*[27]

Assim, ao abordar os inúmeros aspectos da vida brasileira, a sua obra ainda suscita o debate, especialmente nas áreas consideradas afins da História da Família,[28] ou seja, nos estudos populacionais, de gênero, da criança, da sexualidade e da cultura material.

Por outro lado, uma rápida aproximação dessas pesquisas indica, por sua vez, que a análise de dados demográficos provenientes de listas nominativas de habitantes, censos populacionais, inventários e testamentos, processos criminais e eclesiásticos, entre outros documentos, fundamentou inúmeros trabalhos que, redefinindo temas e recortes, permitiram novas aproximações sobre a família, tornando mais claras as suas inter-relações e a sua importância para o entendimento da sociedade brasileira.

Por isso, podemos dizer que um retrato mais preciso da nossa organização familiar começou a tomar forma, ainda na década de 1970, com a associação entre a História e a Demografia. Adaptando o método de reconstituição de famílias desenvolvido, na França, por Louis Henry, estudiosos incorporaram à pesquisa histórica brasileira o uso de outras fontes, como registros paroquiais de batismo, casamento e óbitos, associando-as às listas nominativas de habitantes.[29] Os resultados desses trabalhos confirmavam que a vida social do nosso passado não se restringia à casa-grande e à senzala e que existiam outras atividades que não apenas aquelas ligadas ao latifúndio e à exportação.

---

[27] FREYRE, 1985. Idem.

[28] Um levantamento historiográfico desta vasta produção encontra-se em SAMARA, Eni de Mesquita. História da família no Brasil: bibliografia comentada. São Paulo: CEDHAL/USP, 1998.

[29] Ver MARCÍLIO, Maria Luiza. A cidade de São Paulo. Povoamento e população (1750-1810). São Paulo: Pioneira/EDUSP, 1973.

Enveredando pela mesma trilha, embora com uma metodologia distinta da escola francesa, o grupo de Cambridge também teve adeptos no Brasil. Assim, estudiosos[30] trabalhavam, na década seguinte, com os Maços de População, entre várias outras fontes seriais, e, como resultado, elaboraram uma tipologia de estruturas de domicílios que apontava para a existência de tantos tipos de famílias quantos fossem os fatores que intermediavam sua participação na sociedade – a condição social, a econômica, a étnica e, até mesmo, o gênero dos que exerciam a chefia do domicílio.

Como se pode perceber, a abordagem quantitativa ou demográfica da família fundamentava-se em documentos e métodos variados, que permitiram também o estudo de outros temas importantes, como a estrutura e a dinâmica populacional, a acumulação da riqueza, a transmissão de herança, a força de trabalho e a composição da escravaria.

Um bom exemplo dos desdobramentos temáticos nessa linha de pesquisa pode ser encontrado na análise da família cativa no Sudeste brasileiro. A reconstituição da estrutura demográfica da população escravizada em plantéis de pequeno, médio e grande porte corroborava a tese tradicional sobre a alta razão de masculinidade e reafirmava que a estratégia de reposição dos cativos era realizada, preferencialmente, pelo tráfico negreiro. Alguns dados novos, tais como os altos índices de uniões (consensuais ou não), os padrões de legitimidade da prole e a existência de famílias extensas, começavam porém a questionar a hipótese de promiscuidade sexual generalizada nas senzalas.[31]

---

[30] Ver SAMARA, Eni de Mesquita. As mulheres, o poder e a família. São Paulo, Século XIX. São Paulo: Marco Zero; Secretaria da Cultura do Estado de São Paulo, 1989.

[31] Entre alguns levantamentos historiográficos sobre a família escrava em nosso País, é possível destacar, entre outras contribuições do mesmo autor, MOTTA, José Flávio. A família escrava na historiografia brasileira: os últimos 25 anos. In:

De fato, a associação entre razão de sexo, diferenças étnicas ou por faixas etárias, a distribuição de cativos segundo o tamanho dos plantéis, índices de casamentos, legitimidade e tamanho da prole, entre outros dados, comprovaram a existência da família escrava e as possibilidades de uma vida familiar estável e autônoma, dentro do sistema escravista.

Esse espaço de liberdade, por sua vez, teria se traduzido no desenvolvimento de estratégias próprias dos cativos em relação ao casamento, notadamente no que se refere à escolha do(a) companheiro(a), em função da sua origem étnica e condição social, obedecendo às razões culturais que lhes seriam próprias.

Assim, todo esse esforço de entender melhor a formação social brasileira no passado resultou na identificação e análise de categorias sociais ainda pouco estudadas, destacando-se também, nesse conjunto, as mulheres e as crianças que, pela sua importância, definem novos campos de pesquisa nas últimas décadas do século XX.

No primeiro caso, Rachel Soihet, ao analisar a sua produção, aponta para algumas das suas principais temáticas que estão relacionadas à questão da cidadania, à participação no mercado de trabalho e à resistência.[32]

De início, sob a influência da *Nova História* e das obras de Michel Foucault, as mulheres, como personagens históricos, foram resgatadas pela "historiografia da transgressão".[33]

SAMARA, Eni de Mesquita (Org.). Historiografia brasileira em debate. Olhares, recortes e tendências. São Paulo: Humanitas, 2002, p. 235-254.

[32] Ver SOIHET, Rachel. História das mulheres. In: CARDOSO, Ciro F. S.; VAINFAS, Ronaldo (Orgs.). Op. cit., p. 275-296. Neste artigo, pioneiro em promover um balanço da produção brasileira sobre o tema, além de sistematizar algumas das contribuições de pesquisadores(as) nacionais, a autora destaca as estrangeiras que considera teoricamente mais relevantes e/ou que desenvolveram pesquisas sobre o caso brasileiro.

[33] PRIORE, Mary Del. História das Mulheres: As vozes do silêncio. In: FREITAS, Marcos Cezar de (Org.). Historiografia brasileira em perspectiva. São Paulo: Contexto, 1998, p. 226-227.

Artigos, livros e teses, apoiados em fontes eclesiásticas e civis, trataram das concubinas, das prostitutas, das escravas rebeldes, das freiras, das lésbicas, das defloradas, das "malfaladas", das pecadoras, das loucas, das pobres e das escritoras feministas.[34]

Em seguida, sob a inspiração de demógrafos historiadores, recorria-se à documentação quantitativa e serial que mostrou ser fundamental não reduzir as clivagens entre os homens e as mulheres a partir de um único princípio de diferenciação – o sexo –, mas focar a atenção nos usos sexualmente diferenciados de modelos culturais comuns – o gênero.

Ao conhecer o peso proporcional dos sexos na dinâmica populacional brasileira – taxas diferenciadas de nascimento, casamento e morte –, constatou-se, em diversos momentos da nossa História, a ausência de equilíbrio entre homens e mulheres. Daí afirmar-se que a apreensão da real condição feminina também depende dos seus números, da sua temporalidade, do seu espaço geográfico, da sua etnia, do seu ciclo de vida, da sua classe ou categoria social e do seu estatuto jurídico.

Nesse contexto, a introdução da categoria *gênero* fez-se fundamental para decodificar o significado que as culturas, em momentos e contextos sociais distintos, outorgam à diferença entre os sexos. Além disso, mais do que fornecer apenas informações essenciais sobre as mulheres, esse enfoque permitiu a inclusão do masculino e a utilização do método relacional de análise.

Baseando-se em teorias desenvolvidas por Pierre Bourdieu e Maurice Godelier, Joan Scott propôs uma definição de *gênero* como a legitimação do poder e no qual as diferenças

---

[34] PRIORE, Mary Del,. Idem. p. 227. O imaginário da vida social feminina também seria explorado por fontes literárias impressas (romances, biografias, jornais e revistas) e por retratos de heroínas de filmes, novelas de televisão e letras de música popular. Outra abordagem que se configura complementar, ou não, tem sido sustentada pela História Oral.

entre os sexos devem ser apreendidas como uma forma primária dessas relações.[35]

Para essa autora, os conceitos normativos que afirmam, categórica e univocamente, o significado do ser homem e do ser mulher, do masculino e do feminino, podem ser encontrados tanto nas práticas religiosas, educativas, legais e políticas quanto na Fisiologia. E, assim sendo, reconhece que as relações de *gênero* estão implícitas nas organizações sociais, na família, no sistema de parentesco, no mercado de trabalho, nas instituições educativas e em todas as práticas cotidianas.[36]

Logo, é um erro pensar *gênero* como construindo papéis masculinos e femininos, pois estes são, basicamente, padrões e regras arbitrárias que a sociedade estabelece para os seus membros. Assim, cabe ao historiador identificar e refutar posições que justificam as desigualdades sociais entre homens e mulheres.[37]

O recurso ao *gênero*, um conceito construído com forte apelo relacional, permite, portanto, rejeitar as formas como as características sexuais são apresentadas e valorizadas em cada sociedade, em momentos históricos específicos.

Entendendo, portanto, que determinados contextos fundamentam e expressam a construção dessas diferenças, é preciso olhar os documentos e decodificá-los a partir dos seus usos e finalidades. E, nesse conjunto, também se inserem as fontes seriais ou quantitativas que expressam, pelos números, as desigualdades de gênero.

---

[35] Ver SCOTT, Joan W. Gender: a useful category of historical analysis. 2. ed. Columbia: Columbia University Press, 1999.

[36] Um aprofundamento da categoria gênero, de suas possibilidades e limites de utilização entre os historiadores brasileiros, bem como a evolução do próprio conceito, pode ser encontrado em: MATOS, Maria Izilda S. de; SOLER, Maria Angélica (Orgs.). Gênero em debate. Trajetórias e perspectivas na historiografia contemporânea. São Paulo: EDUC, 1997.

[37] LOURO, 2002. Op. cit., p.23-27.

No caso do Brasil, um bom exemplo é a análise dos censos demográficos da população.[38] Os dados socioeconômicos que essa fonte disponibiliza permitem identificar, pelo menos, os números do sexo, da idade, da nacionalidade, da religião, do estado civil, da instrução e do trabalho, isto é, alguns dos indicadores vitais da população e da sociedade brasileira. Conformam, portanto, um retrato numérico, fiel, embora estático, da sociedade em observação na sua data de referência e constituem uma fonte eminentemente quantitativa que responde aos propósitos do Estado que patrocina cada levantamento. Assim, antes de analisá-los, é preciso entender os seus objetivos.

É o que acontece no censo de 1920, no qual a coleta de informações sobre as características da população foi realizada no contexto da família, em vez de boletins individuais.[39] Seus organizadores afirmaram, portanto, a precedência da sociedade frente ao indivíduo e utilizaram uma noção conservadora e romântica da família, enquanto elemento fundante da sociedade, da nação e do Estado.[40]

No contexto desse momento, coube a Oliveira Vianna definir alguns dos conceitos empregados na execução do referido censo. Em *Evolução do povo brasileiro*,[41] apresenta a sociedade brasileira como fruto da miscigenação transitória de três "raças" envolvidas no desbravamento, povoamento e exploração do território. Do engenho ao pastoreio, da escravidão

---

[38] Para uma correlação detalhada entre recenseamentos e estudos de gênero, ver TUPY, Ismênia S. Silveira T. Retratos femininos: a família e a mulher nos censos demográficos. Brasil, 1920-1940. In: I Jornada Internacional da História da Família: uma abordagem interdisciplinar. São Paulo: CEDHAL/USP, 2003.

[39] Ver MINISTÉRIO DA AGRICULTURA, INDÚSTRIA E COMMÉRCIO. Diretoria Geral da Estatística. Recenseamento do Brazil. Realizado em 1º de Setembro de 1920. v. I – Introdução. Rio de Janeiro: Typ. da Estatística, 1922, p. 488.

[40] MINISTÉRIO, 1922. Op. cit., p. 488.

[41] Ver VIANNA, Francisco J. de Oliveira. Evolução do povo brasileiro. 4. ed. Rio de Janeiro: José Olympio, 1956.

indígena à africana, dos bandeirantes aos imigrantes, teria cabido à família intermediar as relações entre os indivíduos e a sociedade. Extensa e patriarcal, ela se apresentava como foco irradiador do processo civilizatório e, no próprio documento, como o núcleo identificador dos indivíduos em relação à faixa etária, nacionalidade, situação conjugal, grau de instrução e atividades econômicas. Ressalta-se, ainda, que os recenseadores não se detiveram na identificação legal das uniões conjugais e nem distinguiram as mulheres entre os que exerciam atividades produtivas, em especial aquelas responsáveis pelo sustento de suas famílias.

Um sério questionamento impõe-se, portanto, aos que estudam a presença feminina nesse contexto restritivo, tornando-se imperativo agregar um enfoque qualitativo a essa análise, já que os resultados encontrados nesse documento apresentam uma ideia de família e de sociedade.

Percebe-se ainda que os dados sobre a ocupação referendam os papéis tradicionais de gênero, excluindo as tarefas que as mulheres realizavam no mercado informal como complementação da renda familiar. Por isso, foram alocadas entre as que declaravam não exercer uma ocupação ou que se diziam sem profissão. A maioria do contingente masculino, por sua vez, foi arrolada entre os que exerciam alguma atividade econômica, já que cabia ao homem o papel de provedor.

Tais constatações não são, no entanto, um problema específico desse documento, cabendo ao pesquisador sempre utilizar os dados e as informações com bastante critério, criando mecanismos adequados para respaldar a sua interpretação.

Observa-se ainda a necessidade de estabelecer comparações, desde que possíveis, com outras fontes, o que, além de enriquecer a análise, compatibiliza os resultados obtidos, quer a partir dos documentos quantitativos, quer dos qualitativos.

É o que se percebe especialmente na produção das últimas décadas face à preocupação mais segmentada do passado e que, ao buscar o específico ou o particular, leva sempre em conta diferentes variáveis e modelos interpretativos. O recurso ao uso de técnicas e mesmo metodologias das áreas afins e a própria visão multidisciplinar das ciências contribuíram sobremaneira para o aprimoramento dos estudos históricos que não deixam de considerar as diferenças de gênero, classe ou categoria social e também a etnia. Temporalidade e critérios regionais opõem-se ainda às visões mais globalizantes dos processos em curso.

Despindo-se das próprias amarras culturais, o historiador, no presente, volta-se para o seu objeto ou tema de estudo, buscando especialmente o significado plural da história, o que é bastante perceptível nos estudos sobre as famílias e as mulheres que acabamos de analisar.

A cultura material, por sua vez, apoiada em análises de inventários e testamentos, extrapola os limites da análise do patrimônio econômico do indivíduo, da família ou de uma determinada categoria ou classe social. Ao agregar a dimensão cultural aos estudos de organização material do núcleo doméstico, estudando os objetos e os artefactos, inova a historiografia, pois busca entendê-los no viver cotidiano, bem como as relações de uso e troca criadas pelos mesmos.[42]

Assim, o historiador voltado para essa temática deve estudar o *objeto* em simbiose com a *sociedade* que o criou, com o *mercado* que o distribuiu e com a *economia* que permitiu a sua existência funcional.[43] Enfim, os artefatos devem ser

---

[42] ROCHE, Daniel. História das coisas banais. Nascimento do consumo. Séculos XVII-XIX. Rio de Janeiro: Rocco, 2000, p. 19.

[43] Para uma análise mais detalhada sobre a contribuição de um grupo de pesquisadores da cultura material em os Anais do Museu Paulista, ver MARTINEZ, Cláudia Eliane M. A cultura material na historiografia: novas questões. São Paulo: FFLCH/USP, 2006, p. 2-4. (texto mimeo). Grifos da autora.

pesquisados enquanto criação dos grupos sociais, nos quais homens e mulheres de diferentes etnias estão inseridos.

No entanto, outras características, além daquelas relacionadas diretamente à materialidade do objeto, devem ser contempladas na análise. Sendo assim, o papel social e a função econômica – valor de uso, valor de troca e valor de posse e valor de seleção – de artefatos, como a roda de fiar algodão, o tear, o engenho de cana, o moinho, o monjolo, entre tantos outros objetos, identificados nos inventários, devem ser estudados considerando não apenas o seu aspecto físico, mas também os outros elementos implícitos na sua própria existência, ou seja, a origem, as práticas sociais, coletivas e individuais.[44]

A representação da cultura material – o total de artefatos possuídos, seus mais diversos componentes, usos, valores, significados simbólicos, religiosos, místicos, afetivos, comerciais, entre outros fatores – surge então como uma das muitas possibilidades de se compreender o estilo de vida, a riqueza e também a pobreza dos diferentes estratos sociais.

Como se pode perceber, todos esses enfoques e possibilidades de pesquisa que se abrem para o historiador na atualidade, sem dúvida, apontam caminhos bastante ricos e diversificados de análise, mostrando um conceito plural da área no que concerne à ampliação das temáticas, bem como dos aportes metodológicos.

O que se percebe ainda, com clareza, é a interlocução com outras áreas do conhecimento propiciada pelos deslocamentos no território do historiador com a abertura de novos campos de reflexão e de pesquisa. Nesse bojo, insere-se também a mudança no próprio conceito de documento histórico como resultado dessa visão multidisciplinar ou talvez provocada por ela.

---

[44]MARTINEZ, 2006. Op. cit., p. 2.

Desse modo, fica difícil entender o conjunto da produção historiográfica recente no Brasil apenas a partir de uma única perspectiva, face à sua complexidade, dimensão e importância, fato que também se repete no cenário internacional. Assim, diferentes usos do passado compõem, na atualidade, um novo perfil do historiador e da própria disciplina como decorrência natural das transformações ocorridas ao longo do século XX, percurso que procuramos acompanhar a partir de algumas matrizes e vertentes de reflexão que são fundantes do nosso pensamento intelectual até o presente.

CAPÍTULO III

O trabalho com o documento

A ideia mais comum é que o contato do historiador com sua ferramenta fundamental de pesquisa – o documento escrito – ocorre, notadamente, em arquivos públicos de abrangência nacional, estadual e/ou municipal e, em seguida, em arquivos particulares, museus, bibliotecas, centros de memória e/ou de documentação. Nesses locais, quer seja preservando a memória de atos administrativos e/ou quaisquer outros fatos considerados relevantes, os documentos apresentam-se selecionados, classificados, catalogados e, quando necessário, até mesmo restaurados. Constituem, assim, núcleos de referência nos quais, dependendo da organização do acervo disponível e das condições de trabalho, o pesquisador teria maior possibilidade de acesso aos dados que deseja coletar.

Essa visão não corresponde, porém, a uma verdade absoluta, pois os documentos que fundamentam os estudos históricos assumem, hoje, as formas mais diversas, abordam diferentes conteúdos e podem ser encontrados em lugares os mais variados. Uma infinidade de registros apresenta-se disponível atualmente para o trabalho do historiador. Cada vez mais acessíveis, as informações sobre um determinado tema provêm das mais diversas origens: jornais, revistas, livros, noticiários de rádio e televisão, filmes, documentários, internet, anedotário, linguagem e oralidade, entre tantas outras, constituem apenas alguns exemplos. Formam um conjunto de dados no qual a escrita pode ou não ser complementada, pelo menos, pela imagem, pelo som e pelo objeto. Logo, diferente do passado, a democratização do conhecimento incentiva uma rica discussão sobre a própria definição de documento, permitindo afirmar que a pesquisa histórica não se restringe ao espaço especializado do arquivo textual.[1]

Notadamente para os temas mais atuais, a abrangência das fontes disponíveis torna viável a prática da crítica histórica em sala de aula desde os níveis mais elementares de ensino. Eleger uma questão, selecionar registros que tratem do assunto, contextualizar, decodificar e construir uma ou mais versões desse tema são as tarefas básicas desse tipo de trabalho. E, para tanto, cabe ao professor de História, como um bom historiador, orientar seus alunos a lidar com a diversidade de dados, pois são cada vez mais raras as análises históricas alicerçadas por um único tipo de documento.

De fato, em sua maioria, as pesquisas históricas são sustentadas por um conjunto de registros, de um ou mais tipos, constituindo uma amostra cuja amplitude varia em função dos vários requisitos da análise: a abrangência do tema, a quantidade disponível de informações, o estado da documentação, o período de referência, entre tantos outros. Nesse quadro, de antemão, o historiador reconhece ser necessário evitar a dispersão de seus esforços e, para tanto, busca um prévio conhecimento da época em que cada um deles foi produzido. Desse modo, ele tem condições científicas de realizar

---

[1] Os arquivos públicos foram constituídos, no passado, tendo por objetivo a preservação da memória administrativa oficial. Os registros de leis, decretos, atos, portarias e regulamentos, bem como a correspondência dos poderes Executivo, Legislativo e Judiciário, são modelos de documentação textual que neles eram preservados. Hoje, dando conta da ampliação do conceito de documento, neles podem ser encontrados outros tipos de registros relativos, por exemplo, à preservação da imagem (fotos, filmes, microfilmes etc.) e do som (discos, cassetes etc.).

uma correta contextualização e exaurir todas as informações passíveis de serem coletadas em cada documento. Logo, ele define, *a priori*, os procedimentos teóricos e metodológicos necessários à realização de seu trabalho.

Partindo desses pressupostos, buscou-se deixar claro, nos itens que se seguem e para os que se iniciam na pesquisa histórica, alguns dos passos essenciais à prática do historiador. Dada à complexidade do tema e na impossibilidade de esgotar o assunto, optou-se, porém, por apresentar as possibilidades de caracterização/catalogação das fontes escritas e de mapeamento dos registros tradicionais disponíveis em arquivos e centros de documentação. Em sua maioria, os tipos de documentos citados aqui não alcançam os dias mais atuais. A reconstituição do passado colonial, monárquico e republicano pode, porém, pelos inúmeros exemplos que oferece, melhor orientar os que se dedicam a explorar os caminhos de uma ciência em constante reconstrução.

A pesquisa histórica e os documentos

De início, é preciso relembrar que nem todo registro escrito é um documento histórico e nem todas as fontes históricas apresentam-se como um documento escrito. Identificar as formas assumidas pelas mais diversas e variadas fontes históricas, como os artefatos, o vestuário, a iconografia, a música, a fotografia, as entrevistas, entre tantas outras, exige a adoção de procedimentos metodológicos específicos.[2] E isso é o que também acontece com o documento histórico.

Como exemplo de método de trabalho, tome-se o caso de um bilhete escrito pelos pais de um aluno, justificando sua ausência em uma determinada atividade escolar. Seria esse bilhete um documento histórico? Parece óbvio afirmar a im-

---

[2] Como citado aqui, os livros da coleção História & Reflexões podem auxiliar, de maneira aprofundada, o estudo dessas diversas metodologias.

portância da informação nele contida quando se adota o ponto de vista do aluno e do professor. Esse valor, eminentemente pessoal, não o configura, porém, como documento histórico. No entanto, quando se pretende investigar os motivos e as justificativas das ausências de alunos, ao longo de uma década, em uma determinada escola, esse bilhete assume outro significado. Fazendo parte de uma série temática ou de um banco de dados sobre a freqüência à sala de aula, ele pode, por sua vez, fornecer informações importantes quanto à fluência da língua portuguesa, às doenças mais comuns no local, aos problemas financeiros e de transporte etc. Enfim, retrata dificuldades de toda ordem enfrentadas pelos professores, seus alunos e familiares e pela comunidade onde a escola está inserida.

Na prática, uma melhor compreensão do que consiste um documento histórico depende da adoção de alguns procedimentos básicos que tornam mais seguro o trabalho do historiador. O contato com um texto escrito e a sua leitura deve suscitar, de imediato, algumas questões essenciais para uma primeira aproximação do documento e sua classificação inicial, a saber: qual a *forma material* que o mesmo apresenta; qual o *conteúdo* que disponibiliza para pesquisa; e quais seus *objetivos* ou os propósitos de quem o elaborou e de quem o lê e/ou o interpreta. Das respostas encontradas, depende o uso de um documento como fonte de pesquisa histórica.

Em sua maioria, é possível observar que, quanto à sua *forma material*, as fontes primárias disponíveis relativas ao período colonial e imperial brasileiro, por exemplo, apresentam-se *manuscritas*, sendo poucas as que foram reunidas, transcritas e *impressas*, podendo, em casos raros, apresentar-se *digitalizadas*.[3] Entre os poucos relatos isolados e/ou depoimentos impressos para o período colonial, é possível destacar-se, como exemplo, as obras fundamentais de Pero

---

[3] Ver, a seguir, no capítulo IV, exemplos desse tipo de banco de dados disponível.

de Magalhães Gandavo e Frei Vicente de Salvador, cronistas que testemunharam os primeiros tempos da colonização.[4] Um outro caso, raro, é a publicação recente, organizada por Silvia H. Lara, do código jurídico português, promulgado em 1603 e vigente até 1830, em território brasileiro.[5] Essa é, porém, uma situação menos comum quando as fontes se referem ao período republicano e/ou aos dias mais atuais, pois, neste caso, a tendência é inversa: em sua maioria, os registros deste período apresentam-se impressos, logo mais facilmente reproduzíveis.

Se manuscritos ou impressos, o período em que foram elaborados quase sempre determina, assim, a forma material em que os registros estão disponíveis. Parece evidente afirmar, por outro lado, que, quanto mais se avança no tempo, em direção aos dias iniciais da colonização, mais provável se torna o acesso às informações de caráter político-administrativo. A reconstituição do cotidiano da população, devido aos altos níveis históricos de analfabetismo entre homens e mulheres, depende menos de registros pessoais do que da reinterpretação e/ou releitura dos documentos oficiais. Em outro extremo, quanto mais se aproxima dos dias atuais, os estudos contemporâneos enfrentam o desafio de selecionar, em um conjunto aparentemente inesgotável de documentos, quais são os tipos mais apropriados de registros – impressos ou não – sobre o tema em questão.

Definido quanto à sua forma material, cabe ao pesquisador precisar o *conteúdo* de cada documento, isto é, estabelecer aquilo de que ele se ocupa, ou o seu assunto e a sua relevância

---

[4] Ver GANDAVO, Pero de Magalhães. Tratado da Terra do Brasil; História da Província de Santa Cruz. Belo Horizonte: Itatiaia; São Paulo: EDUSP, 1980; e SALVADOR. Frei Vicente de. História do Brasil, 1500-1627. Belo Horizonte: Itatiaia; São Paulo: EDUSP, 1982.

[5] Ver LARA, Silvia H. (Org.). Ordenações Filipinas Livro 5. São Paulo: Cia das Letras, 1999.

para o estudo em andamento. Tem início, neste momento, um processo de análise crítica que se transforma, quase sempre, em uma armadilha para os iniciantes, a saber: uma definição imprecisa de um objeto de trabalho pode gerar uma coleta de informações incompleta que exige, em outro momento, a retomada do documento. Outro problema a ser evitado depende da anotação correta e completa dos dados obtidos. Uma pesquisa científica não admite a reprodução de informações sem a precisão da origem da fonte – onde pode ser encontrada, quem a escreveu, qual o seu título (se houver), em que página está localizada, e demais características que possam bem caracterizá-la. São cuidados que, talvez entendidos como excessivos, quando tomados no momento da coleta de informações, evitam sucessivas voltas ao documento original e permitem citações e notas de rodapé fidedignas, bem como a elaboração de bibliografias completas.[6]

Analisado seu conteúdo, cada fonte pode ser definida quanto aos seus próprios objetivos e aos objetivos de cada pesquisador. Ambos não são necessariamente a mesma coisa como exemplificado a seguir. As atas de câmaras municipais, sua correspondência e o registro de processos criminais têm como fim precípuo configurar várias questões, notadamente de caráter administrativo, econômico, político, e social. Constituem um relato, construído com a preocupação de ser armazenado, dando conta de ações, regulamentações e questões da vida prática. Cada um, de per si, tem assim um objetivo implícito. Essas mesmas fontes, por sua vez, associadas a um conjunto de inventários e testamentos, para o período de 1830 a 1899, permitiram a elaboração de um

---

[6] Vale lembrar ao pesquisador iniciante que todas as citações ao longo de um texto científico, sua bibliografia, suas notas de referência devem obedecer às normas técnicas definidas pela ABNT – Associação Brasileira de Normas Técnicas. Mais informações sobre o emprego dessas normas, inclusive a compra de programa digitalizado que agiliza o trabalho, podem ser obtidas no site www.abnt.org.br (acessado em 24/10/2005).

estudo clássico que questiona a ordem escravocrata, trazendo à tona questões quanto ao aproveitamento da mão de obra do homem comum, livre, no trabalho das fazendas.[7] Se a definição e/ou a escolha do objeto de estudo se manifestam na interação entre o pesquisador e as questões que o mesmo elabora, a seleção das fontes depende também do conhecimento prévio dos diversos tipos de documentos que tratam do tema selecionado e das possibilidades de análises que os mesmos oferecem. E, como visto em inúmeros estudos metodológicos, de caráter didático, esses documentos podem ser agrupados, de início e *grosso modo*, em um conjunto de *fontes primárias* e *fontes secundárias*. Ambas podem se apresentar impressas e/ou manuscritas. Sintetizando inúmeras discussões sobre a definição do que elas constituem e do que as diferencia, Rodrigues afirmava, ainda em 1952, que:

> Várias são as definições, nem sempre satisfatórias, sobre o que seja fonte primordial e fonte secundária. De modo simples, pode-se dizer que a fonte primordial é aquela que contém uma informação de testemunha direta dos fatos, enquanto que a secundária é a que contém uma informação colhida por intermédio de terceiros. A primeira é original e a segunda derivada. Esta a diferença fundamental que as distingue.[8]

Ou, colocando em outros termos, mais atuais, a diferença entre as fontes primárias – o testemunho direto – e os textos secundários – o testemunho indireto – demanda igual cuidado na análise, sendo evidente ser possível também utilizar os segundos como fontes primárias de pesquisa.[9] Trata-se, é claro, de uma afirmativa aceitável em função do número

---

[7] Além dessa documentação, relatos de viajantes estrangeiros contemporâneos permitiram à autora contemplar a pobreza da vida material da população livre do Vale do Paraíba paulista. Ver FRANCO, Maria Sylvia de Carvalho. 1983.

[8] RODRIGUES, 1982. Op. cit., p.143.

[9] Ver JENKINS, Keith. A história repensada. São Paulo: Contexto, 2005, p. 79.

de textos – artigos, comunicações, dissertações e teses de doutorado, entre outros – sobre determinados temas, bem como da atenção voltada aos estudos historiográficos, pois a História é a ciência do constante refazer.

Em outra instância de definição, obedecendo ao método de trabalho selecionado, as fontes podem também ser classificadas como *qualitativas* ou *quantitativas*. Ou dependendo do período brasileiro de referência, em *religiosas* ou *civis* e, ainda, em *públicas* ou *particulares*. No primeiro caso, independentemente de seus objetivos originais, os números de registros disponíveis sobre um mesmo tema permitem a realização de análises qualitativas ou quantitativas, dependendo dos objetivos de cada historiador. Um documento pode, porém, reunir, em si mesmo, esta dupla perspectiva: a pesquisa em inventários permite tanto *quantificar* bens móveis e imóveis, dívidas ativas e passivas, quanto *qualificar* as questões de família e solidariedade de um indivíduo no seu grupo de referência.

Estudos realizados com o objetivo de reconstruir e tornar visíveis os papéis desempenhados por mulheres, por exemplo, utilizam tanto fontes qualitativas quanto quantitativas. Livros inéditos de memórias – diários, cadernos de lembranças, de receitas e de poesia –, de duas mulheres, associados às informações de fontes adicionais, como inventários de família, documentos particulares e outros manuscritos, permitiram uma melhor caracterização da elite rural feminina nas zonas de expansão cafeeira em São Paulo, na transição do século XIX para o XX.[10] Por outro lado, um amplo conjunto de informações quantitativas obtidas em maços da população, testamentos e processos de divórcio e nulidade de casamentos, associado aos dados qualitativos obtidos em inventários, cartas, depoimentos, processos,

---

[10] Tendo como objetivo a reconstrução histórica das relações de gênero, a autora construiu sua tese de doutorado sobre a prática cotidiana da mulher fazendeira, da elite paulistana, que contraria as afirmativas da historiografia oficial. Ver MALUF, Marina. *Ruídos da memória*. São Paulo: Siciliano, 1995, p. 17-18.

autos, ofícios, requerimentos, petições, relações etc, sustentou a reconstituição dos grupos domésticos paulistas no século XIX.[11]

Em outro nível de classificação, notadamente para o período colonial e monárquico brasileiro, todo um conjunto de fontes disponíveis pode ser divido entre os fóruns *civil* e *religioso*, pois, somente no contexto republicano, aconteceria a separação entre o Estado e a Igreja Católica.[12] Ao primeiro, competia, *grosso modo*, o registro de informações relativas aos processos administrativos, civis e criminais. Documentos, como maços de população, matrículas de classificação de escravos, listas de regimentos de milícias, qualificação de votantes, inventários e testamentos, cartas de legitimação, entre outros, podem ser encontrados, principalmente, em arquivos públicos, em centros de documentação e pesquisa, em museus e, mais raramente, em mãos de particulares.

Por sua vez, os dados essenciais sobre a família – casamentos, nascimentos e óbitos –, bem como sobre as dispensas matrimoniais, os processos de esponsais, de divórcios e de nulidade de casamento, pertenciam ao âmbito da Igreja Católica. Outros como o rol dos confessados, de devassas e visitações, de alguns tipos de processos criminais – dando conta da preocupação com a fé religiosa –, também foram reunidos nos acervos eclesiásticos, mantidos sob a responsabilidade das Cúrias Metropolitanas.

Se, porém, às fontes civis relacionadas para o período colonial e monárquico for agregada a documentação

---

[11] Desenvolvido originalmente como tese de doutorado, em 1980, esse estudo expõe o papel desempenhado pelas mulheres no contexto das relações familiares em tempo de mudança. Constitui uma das principais referências para o estudo da condição feminina em nosso País. Ver SAMARA, 1989. Op. cit., p. 11-12.

[12] Considere-se, por exemplo, que o Registro Civil, responsável pelo arrolamento de dados relativos à cidadania – nascimentos, casamentos e óbitos – foi regulamentado pelo Decreto 181, somente em 24 de janeiro de 1890. Assim, para efeitos legais, o casamento religioso perdeu sua validade jurídica, mas a demanda por sua anulação continuaria a ser feita no fórum eclesiástico.

republicana, torna-se também aceitável acatar uma nova denominação para caracterizar esses tipos de registros. Assim, os atos praticados e registrados pelos poderes Executivo, Legislativo e Judiciário – os documentos *públicos* – podem ser encontrados reunidos em arquivos distribuídos por suas correspondentes esferas de atuação administrativa, a saber: a vila e/ou o município; a província e/ou o Estado; a Corte e/ ou o Distrito Federal.

Nem sempre, porém, essas divisões esgotam todas as possibilidades. Parte da documentação relativa aos atos mais atuais do Judiciário, por exemplo, é passível de encontrar-se depositada em uma específica circunscrição judiciária – a comarca –, sob a jurisdição de um ou mais Juízes de Direito, que pode incluir vários municípios. O acesso aos dados contemporâneos sobre questões de família, como assuntos de divórcio, por outro lado, enfrenta a questão do embargo ou de segredo de justiça.[13] Essa restrição não se aplica, porém, ao estudo de documentação de ordem pública, como a execução de inventários, nem ao registro de bens imóveis e processos-crime.

Nos arquivos públicos, variando do menor para o maior grau em área de atuação, dos mais novos para os mais antigos, é possível encontrar registros oficiais sobre temas tão díspares como: políticas de fomento, obras públicas, a compra e venda de imóveis, migração, imigração, núcleos coloniais, censos e recenseamentos, correspondências, entre outros. Instituições como o Arquivo Nacional e a Biblioteca Nacional, na cidade do Rio de Janeiro, bem como o Instituto dos Arquivos Nacionais Torre do Tombo, em Lisboa, reúnem, em seu acervo,

---

[13] Entre as raras pesquisas sobre o impacto da lei do divórcio na família brasileira, nas últimas décadas do século XX, ver: NADER, Maria Beatriz. Mudanças econômicas e relações conjugais: novos paradigmas na relação mulher e casamento. Vitória(ES) 1970-2000. Tese de Doutorado. São Paulo: FFLCH/USP, 2003. Nesse estudo, a autora realiza um levantamento quantitativo de dados obtidos em registros cartoriais no período de referência.

uma documentação essencial para o estudo de inúmeros dos temas citados acima, desde os tempos coloniais.[14] Nem toda a documentação, porém, encontra-se reunida em arquivos centrais. Além dos respectivos arquivos estaduais brasileiros, algumas autarquias e fundações, sob a égide da administração pública, conhecem certa autonomia que lhes permite manter arquivos próprios. Esse é o caso, por exemplo, do Instituto Brasileiro de Geografia e Estatística (IBGE), que reúne, em sua biblioteca central, na cidade do Rio de Janeiro, toda a documentação produzida para a elaboração dos recenseamentos gerais da população brasileira, realizados a partir de 1872.

Notadamente nas duas últimas décadas, sob o patrocínio de leis nacionais de incentivo cultural, inúmeros municípios começaram a organizar a formação de arquivos para a preservação da memória local, nos quais também podem ser encontrados documentos díspares, tais como os de origem administrativa, judiciária, cartorial e escolar. Alguns organizam, graças à participação de instituições de ensino e de membros da própria comunidade, centros de memória e/ou museus que buscam resgatar o modo de vida passado de sua população. Objetos, roupas, quadros, cartas, todo um *memorabilia* encontra-se à disposição do pesquisador interessado em estudos regionais e/ou locais, notadamente em temas relativos à família, ao cotidiano, à vida privada, à estrutura fundiária, à cultura material, entre tantos outros.

Fora da esfera pública direta, inúmeros tipos de registros constituem o universo dos documentos *privados*, nem sempre de fácil acesso ao pesquisador. Formam os dados relativos às instituições/empresas de administração particular que estão, geralmente, alocados em arquivos próprios a cada uma delas.

---

[14] O avanço na digitalização de textos manuscritos e impressos permite a realização de inúmeras pesquisas à distância de documentos e exposições iconográficas virtuais. Para maiores detalhes, acessar www.arquivonacional.gov.br.; www. bn.br; e www.iantt.pt (sites acessados em 22/08/2006).

Esse é também o caso dos órgãos de representação de classe, como os sindicatos, associações, federações, entre outros, e das inúmeras organizações não governamentais (ONGs) que se formaram nas últimas décadas.

Outras informações, das mais variadas, podem, ainda, ser obtidas em arquivos familiares, como, por exemplo, diários e cartas íntimas, títulos de propriedade, inventários, averbações de dissoluções de casamento. São registros que permitem explorar temas ligados à sociabilidade familiar, aos mecanismos de formação de riqueza, à transmissão de fortunas, entre tantos mais. Além disso, o acervo particular de indivíduos de notório saber e/ou de destacada representação política pode ser encontrado em centros de documentação e pesquisa, em sua maioria, centralizados em universidades, configurando fontes essenciais à elaboração de biografias.

Vale ressaltar, porém, que o elenco de fontes disponíveis não se aplica, necessariamente, a todos os temas; ou, ainda, que a identificação de novas fontes documentais e o seu emprego dependem de novas perspectivas teóricas e do desenvolvimento de métodos de trabalho originais. Em muitos casos, o avanço teórico promove a releitura da documentação antes analisada, questionando conclusões que pareciam definitivas. Um bom exemplo, sustentado pelos estudos de gênero, refere-se ao entendimento do homem como sujeito universal da História: o que o documento não "fala" sobre as mulheres é que vem fundamentando a discussão atual sobre a construção cultural da diferença entre o sexo feminino e o masculino.

Assim, adotar uma ou mais categorias de classificação de fontes a serem pesquisadas e analisadas, quer sejam elas as apontadas acima e/ou as definidas pelo historiador em função de seus objetivos específicos de estudo, constitui um primeiro passo, fundamental, para a realização de um trabalho organizado. São essas definições que auxiliam a criação de fichas ou de um banco de dados – computadorizado ou não –, agregando, por categorias e por período, todos os registros disponíveis sobre o tema a ser trabalhado.

A pesquisa em arquivos e centros de documentação

O primeiro passo da pesquisa histórica deve estar associado, necessariamente, à elaboração de um projeto de trabalho, no qual se define, pelo menos, o objeto inicial do estudo, seus recortes e possíveis associações, os métodos e as técnicas empregadas, os tipos de registros disponíveis, o período tratado, entre outros pressupostos que melhor distinguem o estudo a ser realizado. Logo, demanda do pesquisador um conhecimento especializado que toma como ponto de partida o entendimento aprofundado de bibliografias gerais e especializadas sobre o tema proposto. São dessas informações prévias, obedecendo à lógica da acumulação do conhecimento histórico, que se define um pressuposto essencial à pesquisa: a seleção e a localização de documentos.

Ao realizar essa tarefa, porém, o historiador enfrenta um paradoxo. De um lado, facilitando seu trabalho, o desenvolvimento de novas tecnologias de comunicação, que permitem, inclusive, a digitalização da documentação, tem possibilitado o contato, em âmbito internacional, com instituições e/ou outros pesquisadores que tratam de seu objeto de pesquisa. E, por outro lado, a dispersão de seus esforços devido ao atraso na efetivação de uma política nacional de arquivística ou preservação, centralização e catalogação do documento histórico. Trata-se de uma questão séria, pois, ao recorrer aos levantamentos historiográficos, o pesquisador encontra referências centenárias a esse problema, cuja solução poderia passar pela digitalização de documentos e sua centralização no Arquivo Nacional. Salienta-se, porém, que, em estudos bibliográficos, podem ser encontradas indicações de documentos, inclusive de alguns dados como perdidos, de nomes

Coleção "História &... Reflexões"

e endereços de arquivos, bibliotecas e centros de memória, públicos e/ou particulares.

A questão da dispersão da documentação histórica no País foi tratada, em um primeiro momento, por José Honório Rodrigues, que, nas sucessivas reedições, revistas e atualizadas, de *A pesquisa histórica no Brasil*, fornece, até 1982, bibliografias sobre os principais arquivos nacionais e estrangeiros.[15] Trata-se de uma obra evidentemente datada, mas que, na falta de outras iniciativas do gênero, fornece informações ainda pertinentes, tais como: a ausência de catálogos gerais de documentação pública, incluindo-se aqui a sua divisão pelos três poderes constituídos; e a discriminação de catálogos, coleções de textos, bibliografias e publicações especializadas. Não inclui, infelizmente, informações sobre instituições mais recentes e muito ativas, como o Centro de Pesquisa e Documentação (CPDOC) da Fundação Getúlio Vargas, no Rio de Janeiro, e centros de pesquisa, memória e documentação de várias universidades brasileiras e internacionais. O recurso à internet facilita, em um primeiro momento, a identificação de alguns deles.

Entre os mais recentes esforços didáticos que procuram dar conta da variedade de fontes históricas disponíveis, destaca-se um estudo organizado por Carla Pinsky, no qual vários historiadores canalizam, sob uma abordagem didática destinada a estudantes e professores, suas respectivas experiências em variados enfoques no trato do documento.[16] Dentre o trabalho com fontes arqueológicas, impressas, orais, biográficas e audiovisuais, ressalta-se aqui o alerta de Bacellar para as possibilidades de uso e do mau uso dos arquivos.[17]

---

[15] RODRIGUES, 1982. Op. cit., p. 157-236.

[16] PINSKY (Org.). Op. cit. 2005

[17] Ver BACELLAR, Carlos. Uso e mau uso dos arquivos. In: PINSKY, Carla B. (Org.). Fontes históricas. São Paulo: Contexto, 2005, p. 23-79.

História & Documento e metodologia de pesquisa

Além de distinguir os documentos encontrados em arquivos dos poderes Executivo, Legislativo e Judiciário, cartoriais, eclesiásticos e privados, esse autor aborda questões de ordem prática, tratando da hora da "mão na massa". Assim detalha as condições de trabalho, os instrumentos da pesquisa, a consulta e a coleta de material – primeiros cuidados, rotina de leitura, manuseio, leitura e transcrição paleográfica, edição de fontes, reprodução do documento, amostra, "fichamentos", análise, medidas, critérios e vieses, entre outros assuntos que definem a relação do historiador com o documento.

Reconhece-se que as obras citadas acima não dão conta de todos os tipos de fontes que, face o recurso à interdisciplinaridade, podem fundamentar um trabalho histórico nos dias de hoje. O avanço da História enquanto ciência se fez acompanhado de uma renovação de métodos e técnicas em que todos os meios foram e continuam a ser usados para tentar vencer suas lacunas e seus silêncios.[18] Ressalta-se, porém, que, quer sejam elas de caráter político-administrativo, como as utilizadas desde os primeiros historiadores; quer sejam de natureza massiva e serial, como as que sustentam os estudos interdisciplinares, qualquer tentativa de defini-las e/ou delimitá-las dependerá exclusivamente da reflexão individual de cada pesquisador. Nesse sentido, a tipologia apresentada a seguir constitui, apenas, exemplos que não esgotam as inúmeras possibilidades de trabalho com o documento escrito.

A tipologia das fontes documentais

A eleição de um objeto de trabalho não é uma escolha realizada ao acaso. Ela depende, pelo menos, da identificação do historiador com o tema a ser estudado, de seus objetivos

---

[18] Tratando da associação da História com as ciências sociais, Reis reafirma a importância da historiografia francesa, do século XX, na atual definição de fonte histórica. Ver REIS, José Carlos. *Escola dos Annales. A inovação em História.* 2. ed. Rio de Janeiro: Paz e Terra, 2000, p. 23.

81

imediatos e das oportunidades que a documentação oferece.
Traduz, necessariamente, uma postura engajada que nega
antigos paradigmas da historiografia ligados não apenas à
"verdade" inconteste do documento, mas também ao distanciamento "científico" de quem com ele trabalhava. Subentende, de fato, que o trabalho com um registro histórico envolve,
pelo menos, a "verdade" de quem o produziu e a "verdade"
de quem o interpreta. Ou, ainda, define e seleciona as formas
pelas quais as pessoas representaram ou representam suas
histórias e sua historicidade e se apropriaram ou se apropriam
da memória individual ou coletiva.[19]

Feitos esses alertas quanto às fontes utilizadas em pesquisa histórica, convém ressaltar seus mais variados tipos, sua
localização e as espécies de informações que oferecem. Para
tanto, embora se procure obedecer, aqui, a uma prévia classificação que os separa em públicos, religiosos e/ou particulares,
os mais conhecidos e utilizados documentos serão apresentados, a seguir, definindo-se suas respectivas especificidades e
exemplificando o uso de cada um deles. Esse enfoque tem o
objetivo de permitir ao pesquisador iniciante a possibilidade
de conhecer vários tipos de documentos, admitindo a escolha
e/ou a formação de conjuntos de registros que melhor atendam
aos objetivos e à temporalidade de suas pesquisas.

Os documentos podem assumir várias formas. Entre
elas, destacam-se, em ordem propositadamente aleatória,
evitando uma classificação que melhor pode ser realizada
por cada pesquisador, em função do tema escolhido e do período de estudo – colonial, monárquico e/ou republicano –,
os seguintes exemplos:

a) **listas nominativas de habitantes** – também conhecidas como *maços ou mapas de população*, constituem os
primeiros levantamentos da população realizados, a partir

---

[19] Ver PAIVA, 2004. Op. cit., p. 13.

do século XVIII, para fins militares, estratégicos e fiscais. Outras preocupações, notadamente as eleitorais, foram nelas incluídas nas décadas iniciais do século XIX. O Arquivo do Estado de São Paulo é detentor da única série completa – quase que anualmente, de 1765 a 1847 – sobre a população da antiga Capitania e depois Província.[20] Dados sobre outras circunscrições administrativas apresentam-se incompletos e aparecem em maior número para Minas Gerais, Paraná, Santa Catarina, Rio Grande do Sul e Goiás. A primeira tentativa de organização de um censo simultâneo em toda a colônia portuguesa ocorreria somente em 1776.

Esse corpo documental listava nominalmente todos os habitantes das vilas e cidades recenseadas. Ao final do século XVIII, para São Paulo, apresenta dados detalhados e completos, não se limitando apenas à contagem da população, mas registrando também variáveis econômicas.[21] Os recenseadores chegavam a receber orientações práticas mais sistemáticas e detalhadas, assegurando maior confiabilidade das informações.

As listas nominativas de habitantes constituem, portanto, séries documentais que registram a composição de cada domicílio ou fogo (residência ou propriedade). Apresentam, em geral, as seguintes informações: número de fogos; nome e sobrenome do chefe do fogo; nome e sobrenome da esposa do chefe; nome dos filhos, parentes, agregados e escravos; o estado matrimonial; indicação de cor e da condição social; a profissão da maioria dos homens; a idade; e, ocasionalmente, apresentam a renda anual do chefe. Algumas listas ainda

---

[20] Uma abordagem didática do trabalho em arquivo, tomando como referência o Arquivo do Estado de São Paulo, onde o autor detalha algumas fontes documentais, pode ser encontrada em BACELLAR, 2005. Op. cit., p. 23-79. Especificamente para esse assunto, ver p. 28-29.

[21] Ver CÂMARA, Leandro. Listas nominativas de habitantes da capitania/província de São Paulo. São Paulo: FFLCH/USP, 2006. (texto mimeo).

COLEÇÃO "HISTÓRIA &... REFLEXÕES"

trazem patentes militares e outros sinais de distinção social, além de dados sobre a produção do domicílio.[22] Para Tarcísio Botelho, representam esforços censitários que permitem não apenas a máxima desagregação possível das informações – o indivíduo –, mas também o cruzamento com dados de outras fontes, como registros paroquiais de batismos, casamentos e óbitos, inventários, listas de eleitores e registros de terras; e, ainda, a possibilidade de estudo da organização familiar, dos grupos de corresidência, da propriedade de escravos e outras.[23] São inúmeros os exemplos de pesquisa histórica fundamentados por essa fonte documental. Formam, em geral, trabalhos associados à demografia histórica e permitiram um avanço considerável em temas ligados à estrutura populacional, à estrutura ocupacional, à dinâmica das escravarias, à família, à família escrava, às mulheres, às crianças, aos agregados, aos forros, aos cativos, entre tantos outros.[24]

b) **recenseamentos gerais da população brasileira** – formam outra parte do conjunto de documentos relativos aos censos demográficos. Divididos em fase *pré-estatística* (projeções populacionais realizadas por cronistas coloniais,

---

[22] CÂMARA, 2006. Op. cit., p. 2.

[23] Esse autor realizou um trabalho pioneiro sobre o conjunto dos levantamentos populacionais para o século XIX, associando-o ao esforço de controle administrativo do Estado para a constituição da nação brasileira. Baseando-se em dados de mapas da população, ele recupera estimativas populacionais, em momentos distintos, para as diversas províncias e a Corte no período monárquico. Em alguns casos, levanta dados para a fase anterior. Seu estudo encerra-se em 1872, com a realização do I Recenseamento Geral da População Brasileira. Ver: BOTELHO, Tarcisio. População e nação no Brasil do século XIX. Tese de doutorado. São Paulo: FFLCH/USP, 1998.

[24] Para um balanço dessa produção no âmbito da ABEP – Associação Brasileira de Estudos Populacionais –, entidade que reúne, no GT. População e História, pesquisadores de diversas instituições acadêmicas, ver TUPY, Ismênia. A demografia em uma perspectiva histórica. A produção da ABEP. 1978/1998. In: SAMARA, Eni de Mesquita (Org.). Historiografia brasileira em debate. Olhares, recortes e tendências. São Paulo: Humanitas, 2002, p. 127-164.

84

contrapondo o povoamento português aos indígenas e aos escravos africanos), *proto-estatística* (levantamentos que compõem os maços de população citados anteriormente) e *estatística* (realizações censitárias de abrangência nacional). Esta última se inicia em 1872, com a realização do *I Recenseamento Geral do Império do Brasil*, e sofreu algumas interrupções temporais, notadamente na transição para a República e nas primeiras décadas do século XX.[25]

Uma aproximação desse tipo de documento indica que o Recenseamento de 1872 é o único do período monárquico e inclui a categoria *condição social* (livre, forro ou escravo) para definir a população brasileira. Os dois censos seguintes, de 1890 e 1900, vinham apresentando graves problemas de execução e aguardavam cuidadosa revisão demográfica antes de serem utilizados por historiadores como fontes fidedignas. Essa situação foi corrigida para o primeiro recenseamento do período republicano.[26] Os de 1910 e 1930 foram suspensos em função de sérios embates políticos. O censo de 1920 (comemorando o 1º Centenário da Independência) e os de 1940 e 1950 (realizados sob a égide do IBGE e supervisionados por Giorgio Mortara) constituem excelente referencial de pesquisa histórica.

Em geral, os recenseamentos têm em comum a *data de referência* (momento da coleta de informações), a *abrangência geográfica* (todo o território nacional), a *confidencialidade dos dados* coletados e critérios definidos na seleção de variáveis de observação. Seus resultados tratam das características

---

[25] Um esforço de trabalho histórico com os recenseamentos gerais da população brasileira, comparando-os, na longa duração, com os resultados para São Paulo, sob uma perspectiva de gênero, pode ser encontrado em TUPY, Ismênia. Retratos femininos: Gênero, educação e trabalho nos censos demográficos. 1872-1970. Tese de doutorado. São Paulo: FFLCH/USP, 2004.

[26] Ver PUNTONI, Pedro. Os recenseamentos do século XIX: Um estudo crítico. In: PUNTONI, Pedro (Coord.). Os recenseamentos gerais do Brasil no século XIX. 1872 e 1890. CD-ROM. São Paulo: CEBRAP, s/d. Neste último, estão disponíveis os resultados digitalizados de pesquisa recentemente realizada.

estáticas de uma população em um momento específico: tamanho, distribuição territorial, composição por sexo, idade, etnia, situação conjugal, religiosidade, níveis de educação, níveis de ocupação, distribuição por profissões, entre outras. Os mais atuais incorporam algumas características socioeconômicas da população. A comparação entre dois ou mais recenseamentos fundamenta estatísticas que captam a dinâmica populacional, abarcando nascimentos, óbitos, imigração, migração, e a mobilidade entre diversas categorias socioeconômicas.

c) **autos de Querela** – mostram contendas entre indivíduos diferentes que revelavam, na América portuguesa, mundos em confronto. Registrados por um escrivão e apresentados diante do Juiz Ordinário da vila, tratam de queixas variadas, como defloramento, adultério, roubo, assassinato, agressão, aleivosia. Trabalhando com essas fontes, Vieira Jr. assim define cada um deles:

> A estrutura do Auto era simples. Primeiro aparecia a data da queixa, o local da denúncia, os nomes do Juiz Ordinário e o do Escrivão. Depois vinha a caracterização do denunciante, no termo usual de *querelante*: nome, cor, profissão, estado conjugal, e se era escravo ou livre. Seguia o conteúdo da denúncia, a descrição detalhada da queixa, onde se inseria também a caracterização do denunciado (ou *querelado*). Outro ponto citado ao longo da documentação era quais os artigos das Ordenações Filipinas supostamente foram feridos pelo acusado. No final do documento eram arrolados os nomes das testemunhas que deveriam ser inquiridas, com detalhe: todas eram indicadas pelo acusador.[27]

---

[27] Os autos de Querela foram usados na fundamentação da tese de doutorado do autor. Esta se encontra publicada como se informa a seguir: VIEIRA JR., Antonio Otaviano. Entre paredes e bacamartes. São Paulo: HUCITEC; Fortaleza: Fundação Demócrito Rocha, 2004. Essa citação pode ser encontrada em: VIEIRA

Os estudos desse documento permitem, evidentemente, dois tipos de abordagens. Uma – de ordem quantitativa – pode dar conta dos números das queixas apresentadas e sua discriminação por tipos de ofensas previamente reconhecidas pelo principal corpo legislativo da América Portuguesa. E, se comparadas com dados como os de totais da população, por exemplo, dão conta numérica das tensões subjacentes à sociedade do período pesquisado. Outra – de ordem qualitativa – permite inferir que, embora filtrados pela interferência do escrivão, os relatos registrados trazem para a análise testemunhos que caracterizam o contexto histórico descrito. E, assim o fazendo, possibilitam uma aproximação da ordem de valores morais e jurídicos da sociedade que os produziu.

Um resumo de caso apresentado a seguir pode proporcionar ao leitor uma melhor caracterização desse tipo de documento, bem como sua inserção no universo colonial cearense do final do século XVIII. Trata-se de um drama e de uma trama criada no dia a dia, pois:

> O caso envolveu Simplício da Cunha, homem pardo e morador no lugar chamado Olho D'Água, termo da Vila de Fortaleza. Esse homem tinha uma filha menor chamada Angélica, então com doze anos, e outra filha casada cujo nome era Vicência. Angélica morava na casa de Vicência, segundo o pai para lhe fazer companhia. Até que em uma manhã de agosto de 1794, Angélica foi estuprada, em casa, por um cunhado, João. Este colocou no seu pescoço uma faca e lhe obrigou a ceder a sua investida, as súplicas e os gritos não foram suficientes para defendê-la. Posteriormente, Vicência desconfiou do acontecido e colocou a irmã sob confissão. Após saber a verdade,

---

JR., Antonio Otaviano. Da pena do escrivão e outros personagens na América portuguesa: o Auto de Querela como fonte de pesquisa historiográfica. Lisboa, 2006, p. 1-2. (texto mimeo).

a irmã mais velha começou a castigar Angélica com pancadas. Diante do castigo Angélica começou a gritar e a chorar, que chamou a atenção do cunhado, que inicialmente interviu a seu favor. Nesse instante, disse João, que bem sabia que já estava perdido, e investiu contra a própria mulher lhe ferindo o dedo mostrador da mão esquerda. No meio da confusão João também feriu a cunhada no braço.[28]

Diante desses relatos, Vieira Jr. reafirma não ser possível apresentar, de maneira formal, todos os potenciais de análise do Auto de Querela. Para esse autor, a articulação desse tipo de fonte com outros registros históricos, bem como a própria imaginação e criatividade de quem o analisa, torna essa documentação um poderoso filão de pesquisa.[29]

d) **registros de batismo, casamento e óbito** – fornecem dados correspondentes aos encontrados em registros civis, notariais, do período republicano, em nosso País. Os de batismo assemelham-se aos do nascimento – o primeiro documento oficial de cidadania –; os de casamento são similares, sendo que os dados do religioso incluem informações sobre batismo e crisma dos nubentes; e os de óbito correspondem, igualmente, à descrição de fatos relativos ao falecimento de um indivíduo. Constituem, assim, nos três casos, uma rica fonte de informações relativas aos indivíduos dos períodos colonial e monárquico.

No primeiro deles, incluem-se a data da celebração do batismo; o nome e o sobrenome da criança batizada e dos pais (quando conhecidos), dos padrinhos e dos proprietários (caso se tratasse de cativos), seguidos de seus respectivos estados

---

[28] VIEIRA Jr., 2006. Op. cit., p. 2. Todo esse evento culminou, por ordem do governador, na prisão de João mesmo antes de ser formulada uma queixa-crime contra ele – a querela, porém, só foi instaurada quase oito meses após o estupro. Ver: Arquivo Público do Estado do Ceará. Auto de Querella de 1793, p. 7(v).

[29] VIEIRA JR., 2006. Idem, p. 3.

conjugais e freguezia a que pertenciam. Era menos freqüente, porém, conterem a idade da criança batizada, sua cor e/ou a cor dos pais e dos padrinhos.[30]

Obedecendo às normas da *Legislação Eclesiástica,* todos os indivíduos – crianças ou adultos; livres, escravos ou libertos; indígenas, colonos ou metropolitanos – teriam de satisfazer, sem distinção, as determinações do código canônico, representado pelas Constituições Primeiras do Arcebispado da Bahia, em seu Livro primeiro, Título X-XX, Parágrafos 33-75. Este dispunha de uma série de regulamentações para a realização da cerimônia do batismo – forma de ser ministrado, anotado e seguido pelos clérigos – e até, em caso de omissão, discriminava as penas, em sua maior parte monetárias, a que faria juz quem negligenciasse o sacramento católico.[31]

Atendendo essas diretrizes, cada igreja contava obrigatoriamente com uma pia batismal e um livro de assentos – ou livro de registro – no qual o padre anotava todos os batismos realizados, distinguindo, entre eles, os fregueses da paróquia dos vindos de outras localidades. Alguns párocos diferenciaram a categoria social dos batizados, registrando separadamente os filhos dos indivíduos livres dos filhos de escravos e libertos.

No segundo caso, o assento do sacramento do matrimônio também era obrigatório. Os párocos registravam, em livros, distintos na maioria das vezes, os casamentos de homens e mulheres livres, libertos e cativos. Cada um desses registros agregava, por sua vez, vários sub-registros apontados da seguinte maneira:

> Aos tantos de tal mês, e de tal ano, em tal Igreja, na presença do Pároco ou sob minha licença, e duas

---

[30] Ver SAMARA, Eni de Mesquita; LIMA, Igor Renato Machado de. Em busca da regeneração das almas: Os registros e as práticas de batismo no período colonial. São Paulo: 2006, p. 2. (texto mimeo).

[31] SAMARA; LIMA, 2006. Op. cit., p. 1.

COLEÇÃO "HISTÓRIA &... REFLEXÕES"

testemunhas, N. e N., receberam-se em matrimônio
N. e N., elle filho legítimo ou ilegítimo de N. e N., e
ella filha legítima ou ilegítima de N. e N., elle solteiro
ou viúvo, ella solteira ou viúva, batizados e moradores
em tal freguezia.[32]

Comportam, portanto, os seguintes dados: data da celebração do sacramento; nome, sobrenome e assinatura do padre responsável pelo ritual; local de realização; nomes e sobrenomes dos noivos, dos pais e das testemunhas; natureza da filiação (legítima, ilegítima, exposta) dos noivos; estado civil dos pais e dos noivos; local de batismo e residência.[33]

E, finalmente, a anotação dos falecimentos dava-se de maneira similar à de batismos e casamentos. Um assento de óbito, no período colonial, continha as informações que se seguem:

Aos tantos de tal mês, e de tal ano, faleceu, nesta vila
ou freguezia, com todos os Sacramentos, N., de tantos
meses ou anos, solteiro(a), casado(a) ou viúvo(a), com
o corpo involto em hábito de tal cor e ordem, e foi
sepultado no cemitério de tal lugar.[34]

Dessa fonte, notadamente quando analisada em série, obtêm-se dados relativos à data do falecimento; nome e sobrenome do(a) falecido(a); nome, sobrenome e assinatura do padre responsável pelo ritual fúnebre; local de realização do enterro; modo de amortalhar o corpo; e causa da morte.

---

[32] Ver SAMARA, Eni de Mesquita. Fontes coloniais. In: SAMARA, Eni de Mesquita (Org.). Paleografia e fontes do período colonial brasileiro. Estudos CEDHAL – Nova Série, n. 11. São Paulo: FFLCH/USP, 2005, p. 55. Esse exemplo baseia-se em registro de casamento. Freguezia de N. Sra. da Conceição de Antonio Dias, 1727. Fonte: Acervo CEDHAL.

[33] Ver SAMARA, 2005. Idem, p. 55.

[34] Ao final do século XVIII e início do XIX, torna-se regra comum o registro da causa-mortis de cada indivíduo. Ver SAMARA, 2005. Idem, p. 57. Esse exemplo baseia-se em registro de óbito. M. Boy, 1889. Fonte: Acervo da Cúria Metropolitana de São Paulo.

e) **inventários** – são documentos processuais que tratam, fundamentalmente, do arrolamento da acumulação da fortuna de todo o ciclo de vida de um indivíduo (o inventariado tem seus bens contabilizados depois de morto), o que fundamenta a partilha de seu patrimônio entre seus herdeiros. São, também, fontes que podem ser encontradas em todos os momentos da História do País – período colonial, monárquico e republicano.[35]

Nos mais antigos, encontra-se uma *folha de rosto* com o *introito*, a notificação do juiz para que se faça o inventário, as primeiras declarações, a identificação do inventariante e das testemunhas, e o inventário, propriamente dito, com o arrolamento de bens e de dívidas. Possuem, além disso, uma *folha de contas* onde está calculado o *monte-mór* – o valor da totalidade dos bens e das dívidas a receber descontados os valores devidos – e, a seguir, o procedimento da partilha ou a divisão do *monte-menor* entre os beneficiários. Por fim, a *folha de contas cartoriais.*

Por ser um processo, a leitura de um ou de um conjunto de inventários demanda tempo considerável do pesquisador, pois pode envolver uma gama variada de pessoas em "cascata": toda a família do inventariado; credores e devedores; os que receberam doações e esmolas; escravos (quando do período anterior à abolição); juiz de orfãos ou de paz; oficiais de justiça, testemunhas, arroladores de bens, escrivães e outros. Seus anexos podem ser de natureza diversa, desde atestados médicos de escravos ao próprio testamento; processos de legitimação de filhos (apensos); escrituras reconhecendo filhos naturais; e recibos, entre tantos outros.

---

[35] Estudando inventários de 1600 a 1900, Nazzari afirma a importância desses documentos, porque o formato mudou pouco em três séculos, e todos fornecem aproximadamente a mesma espécie de informação, permitindo assim comparações entre membros de uma família, famílias e períodos. Ver NAZZARI, Muriel. *O desaparecimento do dote. Mulheres, famílias e mudança social em São Paulo, Brasil, 1600-1900*. São Paulo: Cia. das Letras, 2001.

Outros dados decorrem de situações específicas, como no caso de o inventariado ter sido casado por *meação*, o que exigia a divisão, pela metade, do patrimônio, da qual um terço ficaria para o pagamento das despesas e para ser distribuído entre pessoas designadas pelo inventariado; e, finalmente, os outros dois terços eram partilhados igualmente entre os herdeiros. Nota-se, desde o período colonial, a preocupação com a meação dos bens entre os cônjuges. Outra questão importante quanto à divisão do patrimônio refere-se ao papel exercido pelos tutores dos orfãos que ficam responsáveis pela administração dos bens de seus tutelados. Nesse caso, essa administração de bens era supervisionada pelo juiz de orfãos, cargo público de grande prestígio na colônia.

Vale ressaltar que, apesar de dar conta do patrimônio de indivíduos e famílias, os inventários não remetem necessariamente aos segmentos de elite ou dos mais abonados de uma sociedade, pois a exigência jurídica de se discriminar os bens, particularmente em caso de existência de herdeiros, tornava obrigatório que pessoas, mesmo sem renda significativa, fossem obrigadas a ter seus bens inventariados. Por sua vez, os *arrolamentos* – documentos em que os bens são inventariados – trazem como marca o fato de, em sua maioria, serem abertos por famílias de pouca renda, com poucos bens, tais como: casa de moradia, um terreno e/ou alguma quantia em dinheiro.[36]

Como demonstrado, os inventários e os arrolamentos, notadamente quando analisados em séries, constituem ricas fontes de informações sobre temáticas as mais variadas, tais

---

[36] Segundo Decreto Estadual de 1905, no Pará, as pessoas que tivessem bens cujo valor fosse de pequena monta e cujas custas processuais correspondessem ao quinhão de um herdeiro eram dispensadas das formalidades de um inventário. Diário Oficial do Estado do Pará. Sábado, 24 de junho de 1905, Ano XV – 17º da República. Nº. 4061, Decreto Nº. 1380 (do regulamento processual civil e commercial). Ver CANCELA, Cristina Donza. Inventários e arrolamentos. Belém: UFPA, 2006, p. 2. (texto mimeo).

como: níveis de riqueza; condições de mercado e de consumo; sistemas e formas de produção; tramas de negócios; redes de sociabilidade; hierarquias sociais; cultura material; vida privada e outras. E, assim sendo, em qualquer época, ao fornecerem ricas e inúmeras informações sobre as transformações sociais e as condições materiais da sobrevivência cotidiana, demandam a criação de um eficaz banco de dados que permita agrupar e correlacionar algumas categorias de análise.

f) **testamentos** – constituem alguns dos mais complexos registros históricos, pois apresentam relatos individuais – *as disposições e as últimas vontades no momento da morte* – que se multiplicam e, não raro, expressam modos de viver coletivos, informando sobre o comportamento, quando não de uma sociedade, pelo menos, de grupos sociais.

Uma série de determinações jurídicas pressupõem a elaboração de um testamento, sendo que, no período colonial, imperial e início do republicano, se observa a nítida influência do *Código Phillipino* – um conjunto de leis que regiam a vida social portuguesa desde 1595.[37] Os testamentos diferenciam-se, juridicamente, quanto à forma *externa* ou *interna* e permitem várias classificações. Neste último caso, em sua forma *ordinária,* assumem o caráter de documento de domínio *público, privado* ou *místico.* Alguns, por sua vez, têm caráter *extraordinário* e podem ser escritos com palavras do próprio testador (*nuncupativos*), de mão comum (*conjunctivo*), ou assumem a forma de cartas de consciência.[38]

Entre as disposições legais sobre sua confecção, destaca-se a faculdade dos indivíduos de livremente testarem suas exceções e as punições aos que impedissem ou modificassem

---

[37] A instituição do Código Civil, em 1917, finda essa influência. Para mais detalhes do histórico desse instrumento legal de transmissão de bens e últimas vontades do indivíduo, ver: BIVAR, Vanessa dos S. Bodstein. *O ato de testar: formas e significações.* São Paulo: FFLCH/USP, 2006. (texto mimeo).

[38] BIVAR, 2006. Op.cit., p. 2-4.

as disposições de últimas vontades. Menores impúberes, loucos ou mentecaptos, os "filhos-família", escravos, religiosos professos, os pródigos, os apóstatas e os condenados pela Justiça eram privados desse direito.[39] Desde o período colonial, foram, em geral, elaborados por meio de um modelo específico, com quatro ou cinco partes bem definidas. Iniciavam com a invocação da Santíssima Trindade e a encomendação da alma, bem como forneciam a localização e a datação do documento. Um belo exemplo é o caso de Antônia Gonçalves, viúva, senhora de terras e escravos, moradora da vila de São Paulo, em 1613, que:

> [...] disse que encomendava sua alma a Deus Nosso Senhor que de nada teve por bem de a criar e com seu divino e precioso sangue na árvore da Vera Cruz por bem de a redimir e salvar e à Virgem Gloriosa Nossa Senhora e à São Miguel Arcanjo e aos Santos Apóstolos e santos e santas da corte do céu que sejam em sua ajuda a favor quando sua alma deste mundo e de seu corpo sair seja merecedora de ir a ver a sua Divina Face.[40]

Em seguida, no documento, aparece a identificação do testador (nome, condição – no caso de libertos –, naturalidade, nacionalidade, filiação, domicílio, estado conjugal, nome do cônjuge, filhos, ofício), a indicação dos testamenteiros e herdeiros universais. Em um segundo momento, o da religiosidade, trazia as disposições e legados espirituais (local e forma detalhada do sepultamento, número de missas por intenção da própria alma e pelas almas de outras pessoas, bem como o local ou locais das missas). Assim, na vila de São Paulo, em 1638, Catharina de Siqueira deixava

---

[39] Por "filhos-família", subentende-se aqueles que estavam sob o pátrio poder. Ver BIVAR, 2006. Idem, p. 4.

[40] Acervo CEDHAL. Inventários e testamentos. São Paulo: DAESP, 1920, v. 3, p. 160.

História & Documento e metodologia de pesquisa

...tres missas ao Santíssimo Sacramento; tres missas à Nossa Senhora do Rosário; tres missas à São Miguel, o anjo; vinte e cinco missas pela sua alma se dirão na Igreja do Carmo; e vinte e cinco pela sua alma aos religiosos do patriarca São Bento, na Igreja da Matriz e nos seus mosteiros.[41]

Do espiritual para o material, o documento continha depois um inventário resumido dos bens móveis e imóveis; definia questões quanto às alforrias, coartações, arrestos e vendas de escravos; as disposições e os legados materiais, e a identificação de dívidas e créditos. Finalmente, as disposições gerais, as assinaturas do escrivão e do oficial responsável pelo registro, aprovação e abertura do testamento. Alguns, raros, apresentavam um codicilo, em que o testador podia, por exemplo, reconhecer algum filho ilegítimo.

No que se refere à distribuição de bens do falecido, a legislação estabelecia que a herança, descontadas as despesas do funeral, deveria ser dividida em três partes. Duas delas – a *legítima* – eram destinadas aos herdeiros "forçados" – ascendentes (pais) ou descendentes (filhos). O cônjuge, dependendo do contrato matrimonial – meação ou dote e arras –, tinha ou não direitos a partes desse montante. Sua parte final – a *terça* – podia ser distribuída de acordo com a vontade pessoal do testador.[42]

São, portanto, depoimentos de situações vividas, retratos do cotidiano das pessoas, além das disposições de suas últimas vontades em relação ao patrimônio e à família.[43] Descrevem

---

[41] Acervo CEDHAL. Op. cit.

[42] BIVAR, 2006. Idem, p. 9.

[43] Para maior detalhamento em métodos e procedimentos relacionados ao uso dessa documentação, aprofundando estudos sobre patrimônio e riqueza, ver: ARAÚJO, Maria Lucília Viveiros. Contribuição metodológica para a pesquisa historiográfica com os testamentos. In: Revista Histórica nº 6. São Paulo: Arquivo do Estado/SP, 2005. Pode ser consultado em www.historica. arquivoestado.sp.gov.br (texto acessado em 04/05/2006).

COLEÇÃO "HISTÓRIA &... REFLEXÕES"

momentos confessados de adultério, as fragilidades que resultaram em filhos ilegítimos, queixas em relação à própria vida, elogios àqueles que os cercavam. Se os testamentos do século XIX são menos ricos em descrições de habitações, vestimentas, joias e utensílios, ainda estão atentos ao culto da morte, determinando, sempre em vida, o cerimonial do enterro, as esmolas e as missas – em menor quantidade – que visavam garantir uma boa passagem para a alma. Em resumo, a estrutura geral desse documento permanece praticamente inalterada no decorrer do período imperial, mas a paulatina diminuição do registro das devoções religiosas, que se observa então e no período republicano, acompanha o progressivo processo de laicização da sociedade brasileira.

g) **documentos de Câmara** – sob diversos nomes dão conta, desde o período colonial, de atividades legislativas, de registros administrativos e do corpo de vereadores das vilas e/ou município.[44] Dependendo do objeto da pesquisa, podem ser analisados em série. Nem sempre, porém, estão disponíveis para o estudo das localidades de fundação nos primeiros séculos da colonização. Na maioria dos casos, a documentação preservada apresenta-se como *Atas da Câmara* – trazem os nomes dos vereadores, data e local das sessões ordinárias e os assuntos discutidos; *Registros da Câmara* – transcrevem todo tipo de registro que não os encontrados no livro anterior, incluindo correspondências, atestados de nobreza, petições variadas, aldeamentos indígenas, entre outros; *Livro de contas* – apresenta toda a movimentação financeira da Câmara; e *Livro de datas das terras* – mostra a cessão das terras do rocio (zona central) da vila aos moradores, incluindo dados sobre a petição do morador, suas alegações para a obtenção

---

[44] Na reconstituição da fundação de uma vila paulista, Dias dialoga com a historiografia tradicional buscando compreender o processo em um contexto histórico mais amplo Ver DIAS. Madalena Marques. *A formação das elites em uma vila colonial paulista: Mogi das Cruzes* (1608-1646). Dissertação de mestrado. São Paulo: FFLCH/USP, 2001.

do benefício, a concessão e as condições em que ela foi outorgada. Complementando dados locais no período colonial, o *Livro das Sesmarias* discrimina a doação de várias braças de terras, situadas no "termo" (limite) da vila, em nome do donatário, e contém fórmulas cartoriais padronizadas sobre as alegações dos peticionários, bem como as exigências da cessão. E, finalmente, o *Foral* – documentação rara que atesta a fundação da vila, detalhando quem foram os peticionários, de quantas almas ela seria constituída, em que local seria o rocio, como se deu a delimitação do termo, a constituição da primeira Câmara Municipal, o local do pelourinho. Traz, em geral, anexos que dizem respeito às sucessivas delimitações do território da vila, definindo quem devia impostos e/ou trabalhos a uma vila determinada.

A documentação da Câmara Municipal de São Paulo encontra-se quase integralmente transcrita e publicada, constituindo um corpo documental riquíssimo para o estudo da instituição e da vida social da cidade no período colonial.[45] Seu caráter homogêneo permite a adoção de uma abordagem serial, identificando permanências e rupturas tanto nos mecanismos de recrutamento de oficiais quanto nos assuntos de maior destaque nas vereanças. Seu estilo, eminentemente narrativo, possibilita a identificação de uma série de questões importantes para o entendimento da vida urbana, econômica, social e das instituições político-administrativas locais. Além disso, ajuda a entender os arranjos de poder entre os membros da elite local, bem como as articulações e os conflitos desse estrato social com funcionários régios e outros grupos locais.[46]

São, portanto, registros do cotidiano que permitem não apenas a análise quantitativa – séries numéricas –, pois

---

[45] Ver CÂMARA, Leandro. *Atas da Câmara Municipal de São Paulo*. São Paulo: FFLCH/USP, 2006. (texto mimeo).

[46] CÂMARA, 2006. Op. cit., p. 2.

agregam uma documentação dos mais variados temas, tais como a movimentação das pessoas, identificando as que eram familiares do Santo Ofício, as acusadas de possuírem "sangue hebreu", as que conseguiam mais terras e maior número de indígenas – os *negros da terra* – devido às alegações de nobreza. A exemplo da pesquisa de John Monteiro, o seu uso permite detectar guerras entre clãs familiares, disputas por terras e indígenas, e avaliar as relações interétnicas.[47]

h) **processos de divórcio e nulidade de casamentos** – os estudos relativos à instituição do matrimônio, em nosso País, devem ter em conta, primeiro, a seguinte periodização: antes de 1890, quando o casamento era de competência exclusiva do Tribunal Eclesiástico; desse momento até 1977, quando sendo reconhecido como vínculo indissolúvel, tanto pelos poderes civis como religiosos, era de competência dessas duas instituições; e, finalmente, pós-1977, quando da emenda constitucional que instituiu, no âmbito civil, o fim da sociedade conjugal.

Assim, durante o período colonial e monárquico, o assunto era exclusivamente da alçada da igreja, que resolvia, legitimamente, a separação dos cônjuges, decidindo casos de nulidade e/ou anulação, condições em que o casamento era considerado inexistente, abrindo possibilidade de novas núpcias. A opção pelo divórcio, por sua vez, mantinha o vínculo religioso impedindo novo matrimônio. A regulamentação civil, então, também reconhecendo o vínculo indissolúvel do casamento, dispunha das formas de realização, dos impedimentos que provocavam sua nulidade e/ou anulação e dos casos em que se poderia aplicar o divórcio.[48] Este era entendido como uma prática "*a mensa et thoro*", ou seja, como separação da vida em comum e de bens materiais,

---

[47] Ver MONTEIRO, John M. Negros da terra: índios e bandeirantes nas origens de São Paulo. São Paulo: Companhia das Letras, 1994.

[48] Decreto-lei 181, de 24 de janeiro de 1890.

mantendo, portanto, o princípio de indissolubilidade entre os cônjuges.[49]

Entre 1917 e 1977, a separação civil incompleta, que impediria a realização de segundas núpcias, seria conhecida como *desquite*. Dado ao sigilo dos registros judiciários, são poucos os estudos ainda desenvolvidos sobre esses casos, bem como sobre os de *divórcio* propriamente dito.[50] Para tanto, a análise dos dados quantitativos encontrados – idade, sexo, profissão na época do enlace, tipo de união e duração do enlace – nos cartórios de registro civil, associada às técnicas de História oral (recuperação da fala dos envolvidos), começa por fundamentar estudos que tratam do estágio atual da questão.[51]

No âmbito religioso, em todos os períodos, uma ação contém basicamente dados relativos às *partes envolvidas* – nomes dos suplicantes; idade; locais de nascimento e residência; origem e atividade econômica – e às *causas de separação e duração do casamento* – listados os motivos da separação, as qualidades e os modos de vida do solicitante da separação. No exemplo que se segue – o *processo de separação* aberto por *Antonia Joaquina Penteado*, suplicante, contra seu marido, *Antonio Joaquim da Silveira Goulart*, suplicado –, a estrutura dessa documentação pode melhor ser apreendida.

---

[49] Tratando de casos ocorridos entre 1890 e 1938, momento-chave para a compreensão do problema nos âmbitos religioso e civil, Lopes recupera as ricas discussões ocorridas na elaboração do Código Civil que regulamentaria, pós-1917, as práticas de constituição do casamento como uma sociedade civil entre dois indivíduos de sexos opostos. Ver LOPES, Cristiane Fernandes. Quod Deus conjuxit homo non separet: Um estudo de gênero, família e trabalho através das ações de divórcio e desquite no Tribunal de Justiça de Campinas (1890-1938). Dissertação de mestrado. São Paulo: FFLCH/USP, 2002, p. xxii.

[50] Sobre os processos de divórcio ou rompimento civil do vínculo do casamento, ver: NADER, Maria Beatriz. Mudanças econômicas e relações conjugais: novos paradigmas na relação mulher e casamento. Vitória (ES), 1970-2000. Tese de doutorado. São Paulo: FFLCH/USP, 2003.

[51] Ver NADER, Maria Beatriz. Os registros civis e o estudo das relações de casamento em Vitória (ES), 1970-2000. Vitória: UFES, 2006. (texto mimeo).

Diz Antonia Joaquina Penteado da Vila de Capivary, mulher de Antonio Joaquim da Silveira Goulart, que sendo casada 18 anos mais ou menos, e tendo ela em todo este tempo obedecido ao suplicado como lhe compete, o suplicado contudo a maltrata não só distraindo-se totalmente de sua casa, e dando-se prazeres sensuais, como embriagando-se amiudadas vezes, e neste estado espancando-a e pondo sua vida em perigo com as sevícias, que lhe foi dado de que não tem o suplicado dizer tido apesar da [ilegível] com que a suplicante tem perseverado. Por isso vem perante Vossa Reverendíssima provar os itens seguintes.

1º- Que a 18 anos mais ou menos é casada, e tem obedecido seu marido.

2º- Que o suplicado a maltrata distraindo-se de sua casa, dando-se a prazeres sensuais, e embriagando--se amiudadas vezes.

3º- Que ficando neste estado espanca a suplicante e põe sua vida em perigo com as sevícias, que lhe faz, e de quem não tem dizer tido portanto".[52]

Na segunda parte do processo, são apontados novamente os motivos pelos quais a suplicante quer se divorciar do marido tratando-se, também, dos bens do casal. No exemplo em questão, Antonia Joaquina Penteado pediu a realização de uma partilha amigável e que o patrimônio não fosse vendido antes da separação legítima do casal. Solicitou, ainda, que a conciliação fosse entregue ao marido que não compareceu à audiência. Na parte terceira, consta a procuração da esposa para efetuar a ação de libelo, que é datada de 5 de outubro

---

[52] Essa documentação pode ser encontrada no Arquivo da Cúria Metropolitana de São Paulo. Processos de Divórcio (MSS). Vila de Itu, 1836, n. 362, p. 11. Sua análise, por sua vez, em SAMARA, Eni de Mesquita. Processos de divórcio e história da famíliapaulista. *Cadernos de História de São Paulo*, n. 5, set./nov. 1996, p. 41-53.

de 1836. Na quarta parte, por sua vez, o marido Antonio Joaquim da Silveira Goulart apresenta sua justificação e suas testemunhas. E ele o faz questionando o comportamento da mulher e seus direitos.

Assim, elabora o seguinte documento:

> Ilmo. Rmo. Sr. Vigário da Vara
> Diz Antonio Joaquim da Silveira Goulart da Vila de Capivary que tendo Belarmino da Silveira Castro seduzido sua mulher Antonia Joaquina Penteado, e portanto tirado de sua casa e companhia, agora lhe consta que com o nome desta aquele procura divórcio, requerendo depósito perante V. Rma. em casa [...] poder de Anna Buena, que não tem a indispensável idoneidade para depositária por isso que é conveniente com os [...] daqueles, como naquela mesma vila de Capivary, hajam [sic] muitas casas capazes e de parentes da sua mulher como são o Capitão José de Camargo Penteado, Pedro Ferraz de Arruda e outros muitos que o suplicante que V Rma. se digne por seu despacho a designa-la a algum destes para depositário com expressa exclusão da D. Anna Buena em cuja casa se acha hora vivendo sua mulher escandalosamente portanto.[53]

Declarações tão conflitantes permitem inúmeras análises sobre o comportamento dos casais no passado e sobre as tensões e os conflitos que surgiam nos casamentos. De qualquer maneira, o estudo dessa documentação permite afirmar que os cônjuges separavam-se por *convivência difícil*, bem como por *adultério, sevícias, abandono do lar, doenças contagiosas e incuráveis*, motivos previamente definidos pela legislação eclesiástica e civil.

i) **processos-crime** – surgidos para combater e penalizar os culpados de atos desviantes, face às normas dos códigos

---

[53] SAMARA, 1996. Op. cit.

canônico e civil, apresentam uma longa lista de infrações passíveis de serem quantificadas. No âmbito religioso, incluem: recusas de pagamento de dízimos; disputas na organização de festas litúrgicas; desobediência às autoridades; falta de cumprimento dos sacramentos; usura; sacrilégios; uso indevido de esmolas; ocultação de impedimento em processo matrimonial; heresias; roubos de igrejas; entre outros vários crimes. Em meio a estes, apareciam, também, os chamados delitos contra a moral e os desvios sexuais, como o concubinato, o adultério, a prostituição, a fornicação aleatória, a alcoviteirice, a molície, o incesto, o estupro, o rapto, a zooerastia (cópula com animais) e os matrimônios ilícitos.

Na mesma linha, no período colonial e imperial, aparecem os *autos cíveis*, ligados ao foro público, que contemplavam as ações que prejudicavam o bom andamento da vida cotidiana como um todo. No período republicano, parte significativa dos atos que, até então, haviam sido considerados como infrações à moral e às determinações cristãs foram incluídos no Código Civil, podendo ser objetos de ações civis e/ou criminais. Entre estes incluem-se: insultos e injúria; tentativas de homicídio; assassinatos; violências de todo tipo; identidades falsas; invasão de terras; roubos e furtos; raptos; estupros; defloramentos; e outros tantos discriminados no Código de Direito Penal.

Entre estes últimos, oferecem-se, como exemplo, os *processos de calúnia, injúria e difamação* que se assemelham aos autos de Querela. Ambos estão no âmbito do direito penal, constituem processos-crime e seguem um rito jurídico que envolve inquérito policial, oitiva de testemunhas e argumentação das partes envolvidas para estabelecer os danos causados por supostas ofensas.[54] Embora possam ser

---

[54] Ver ALANIZ, Anna Gicelle G. Documentos interessantes. Americana: FAM, 2006, p. 2. (texto mimeo).

analisados em uma perspectiva quantitativa, representam uma fonte interessante, de ordem qualitativa, para o estudo do cotidiano porque abrangem todas as camadas sociais. E envolvem a leitura e análise de muito material subjetivo, a saber: o que é passível de ser tomado como ofensa e o que é aceitável socialmente em um contexto histórico determinado. Analisados em seqüência temporal, permitem acompanhar as transformações ocorridas na mentalidade coletiva e no próprio direito penal.

j) **cartas de legitimação** – característica da realidade monárquica portuguesa, constituem pedidos de reconhecimento de prole ilícita enviados ao rei. Conservadas no Arquivo Nacional da Torre do Tombo, em Portugal, agregam pedidos de pessoas que, desde o período colonial, residiam em várias partes do Brasil. São documentos que pertencem às Chancelarias Reais e apresentam-se reunidos nos *Livros de perdões e legitimações*.

Definem as causas da legitimação, normalmente a falta de herdeiros legítimos, e fornecem dados tanto do *legitimador* – nome, locais de nascimento e residência, estado conjugal de quando pede a legitimação e de quando nasceu o filho ilegítimo – como do *legitimado* – nome, filiação, às vezes estado conjugal e idade. Redigidas por notários ou escrivães, estruturam-se em duas partes distintas: *resumo do requerimento* feito pelo suplicante e a *concessão real*, trazendo os aspectos jurídicos da legitimação e quantias pagas às assinaturas, feitio e direito. E apresentam quatro datas distintas: a do pedido de legitimação, a da concessão real, a do despacho e a da outorga do escrivão. Em decorrência dessa longa trajetória, a maior parte dos pedidos levava vários anos para ser atendida, chegando mesmo a atingir a espantosa espera de 30 anos ou mais.

l) **livros de devassas e visitações** – registram as *Visitações do Santo Ofício da Inquisição*, realizadas no período colonial com o objetivo de identificar e castigar os "inimigos da Fé" e os que possuíam uma vida "moralmente desregrada". No âmbito das dioceses, por sua vez, davam-se as *visitações ordinárias* ou *devassa*, de responsabilidade episcopal, pois aos bispos cabia manter a unidade espiritual de seu rebanho cristão. São inúmeros os *processos inscritos nos Livros das Devassas*. Por ocasião das visitas, cada *"interrogatório"* abrangia a resposta de 40 quesitos que, respondidos pelas testemunhas, escancaravam a vida dos acusados em seus aspectos espiritual, moral e material. Trata-se, portanto, de rica fonte de pesquisa que permite, inclusive, a construção de séries documentais. Independentemente do enfoque adotado pelo pesquisador, os livros são fundamentais para o entendimento da sociedade colonial brasileira, pois denotam hábitos, costumes, idiossincrasias, crenças, medos, superstições, preconceitos, atos ilícitos, grandes crimes, o lar, as ruas, o comércio, o cemitério, a alcova, as paixões, a usura e a autoridade, enfim aspectos da vida cotidiana em todas as suas manifestações.[55]

m) **processos de Genere, Vitae et Moribus** – consistem em investigação a respeito das origens étnicas e sociais, dos antecedentes morais e das condições econômicas dos candidatos à carreira sacerdotal. São fontes que trazem inúmeros dados sobre a "limpeza de sangue" (*genere*) e os costumes (*vitae et moribus*), requisitos legais para o exercício do sacerdócio. As características de *genere* eram listadas em petição ao Juiz das Justificações e discriminavam *nome e sobrenome* do candidato, *nome e sobrenome dos pais, local de nascimento e residência*, e por que *se pretendia ser eclesiástico*. Encaminhado à residência do ordenado, o pároco local devia ouvir sete ou

---

[55] Nas últimas décadas, essa documentação foi utilizada em inúmeras pesquisas, tais como: COSTA, Iraci del Nero da. A vida quotidiana em julgamento: devassas em Minas Gerais. In: LUNA, Francisco Vidal; COSTA, Iraci del Nero da. Minas Colonial: economia & sociedade. São Paulo: FIPE/Pioneira, 1982; SOUZA, Laura de Mello e. O diabo e a Terra de Santa Cruz: feitiçaria e religiosidade popular no Brasil colonial. São Paulo: Cia das Letras, 1994; MOTT, Luis. Os pecados da família na Bahia de Todos os Santos (1813). Salvador: UFBA, 1982.

oito testemunhas, informando-se acerca da veracidade das informações apresentadas pelo candidato.

Aprovadas, iniciava-se o *processo de diligência de vida e costumes* – um extenso rol de 29 questões lidas em voz alta durante a celebração da missa e respondidas, da mesma forma, pelo postulante. Tais perguntas referiam-se à *origem racial, religiosa e filial; intimidade e conhecimento da doutrina cristã; defeitos físicos; hábitos cotidianos; integridade de caráter; estado conjugal; atos passados; relacionamento com as pessoas e inclinação ao sacerdócio.*

Destaca-se, porém, que devido à complexidade e à variedade do processo, várias eram as oportunidades encontradas pelos candidatos de burlar alguma exigência, facilitando a habilitação às Ordens Sacras. E, ainda, que o exercício do sacerdócio era uma garantia de nenhuma associação com a descendência judaica, o que, por associação, afiançava todos os demais membros de sua família imediata.

n) **livro do Tombo e documentos relativos às irmandades, recolhimentos, seminários, confrarias e santas casas** – passíveis de serem quantificados e/ou englobados em séries temáticas, permitem vários tipos de análise e constituem, sob a ótica religiosa, ricos registros sobre a vida cotidiana.

Os livros de Tombo – como, por exemplo, o da Paróquia de Santa Ana de Mogi das Cruzes e o da Ordem 3ª do Carmo – discriminam datas principais, locação, doações pias, auxílios e bens materiais desde o momento da fundação da paróquia (incluindo as capelas sob sua jurisdição) e/ou de instalação em uma ordem religiosa, em uma determinada vila.[56] Chegam a incluir as roupinhas dos santos (listadas entre as "alfaias") e as quantias gastas em reformas/manutenção.

---

[56] Ver DIAS, Madalena Marques. Pesquisando a História paulista nos dois primeiros séculos: o viver em sociedade e os poderes constituídos. São Paulo: UNISAN-TANNA, 2006, p. 2. (texto mimeo).

Dados sobre as confrarias e as irmandades vêm sustentando a reconstrução de estratégias de vida e redes de solidariedade de homens pobres, livres, cativos e/ou libertos. Permitem melhor conhecimento da família negra livre e/ou cativa, pois algumas foram fundadas e mantidas – como o demonstram seus registros – por pessoas de uma mesma etnia ou "cor". Constituem, também, excelentes referenciais para o estudo dos ritos fúnebres – tipos de mortalhas, encomenda do corpo, rituais de sepultamento, entre outros dados.

Outros documentos dessa categoria vêm permitindo a elaboração de estudos específicos sobre a História da assistência e benemerência social no país, além de tratar da questão dos enjeitados – os expostos, das festividades e sentimentos religiosos dando conta de vários aspectos da vida social no passado. Outros, ainda, vêm sendo pesquisados resgatando, sob a perspectiva de gênero, o destino da mulher encaminhada ao recolhimento – quer tenha sido ela recolhida por escolha própria ou depositada em conventos por períodos variáveis, em casos de viagens de seus responsáveis (pais, maridos, tutores) ou enquanto aguardava a decisão final em casos de divórcio e/ou anulação de casamentos.

o) **dispensas matrimoniais e processos de esponsais** – constituem dois tipos de documentos que, no período colonial, regulamentavam a realização do sacramento do matrimônio. Representam o esforço da igreja em difundir a prática de casamentos, erradicando concubinatos e as ligações transitórias.

O primeiro passo para efetivar uma união religiosa exigia a comprovação da ausência de impedimentos, e, sob responsabilidade direta do vigário-geral, os *processos de dispensa para, no futuro, unir-se em matrimônio* eram colocados em prática na sede do bispado. Traziam uma variada gama de papéis e certidões dando conta da verdadeira identidade dos contraentes: *seus nomes, nomes de seus pais, locais de nascimento e residência, situação jurídica, nome do senhor ou do administrador, estado conjugal.* E apontavam a existência ou não de impedimentos à realização do casamento.

Estes se dividiam em *impedimentos dirimentes* – ligavam-se aos casos de pecado mortal, e, sem absolvição, as pessoas não podiam receber o benefício (viver em concubinato, copular ilicitamente com alguém ou com o próprio contraente, ou estar contratado com outrem) – e em *impedimentos impedientes*, mais comuns, que tratavam das questões de parentesco. Assim solicitava-se dispensa em casos de *consangüinidade* ou de *afinidade*, estabelecidos em *diferentes graus*, com *cópulas lícitas* ou *ilícitas*, realizadas entre os contraentes, entre os parentes ou mesmo entre estes e aqueles (tios e sobrinhas, genros e sogras, primos, noras e sogros, entre outros).

Por sua vez, contrair esponsais ou prometer-se em futuro matrimônio seguia, no período colonial, um rito ou cerimonial com data marcada, presença de testemunhas e juramento verbal entre os noivos. A grande quantidade de "falsas juras", percebidas em inúmeros *processos-crime*, tornou obrigatória, no século XVIII, a troca de promessas por escrito, principalmente quando a noiva, tendo perdido a virgindade, se encontrava grávida. E eram essas promessas que deram margem aos *processos de esponsais*, pois, se sentindo enganadas, as noivas buscavam o cumprimento do prometido na Justiça.

p) **outros documentos eclesiásticos** – notadamente para o período colonial, momento em que se observa peso maior das diretrizes da doutrina católica nas ações dos indivíduos, outros registros podem auxiliar a reconstituição da vida cotidiana. Entre eles, destacam-se os que permitem traçar um retrato da religiosidade, dos atos ilícitos cometidos, do cumprimento das obrigações e/ou sacramentos católicos, e dos indivíduos que se comprometeram com a vida religiosa.

O primeiro deles – *Rol das diversas freguesias* – constitui levantamentos realizados por um pároco visitante, que tinha por objetivo investigar o comportamento moral dos indivíduos. Trata-se de uma documentação manuscrita e particularmente interessante, por conter um resumo quantitativo da freguesia (discriminando os totais de comungados, confessados e concubinados), traçando um perfil da localidade. Uma vez constatada a abundância de hábitos ilícitos, eram tomadas várias medidas punitivas, definidas pelo direito canônico, visando recolocar os fiéis na boa conduta dos costumes cristãos.

O segundo – *Rol dos confessados* ou *Rol da desobriga* – é um arrolamento realizado anualmente pelo pároco responsável por cada freguesia ou vila, sobre cada fiel e sua situação espiritual perante os sacramentos obrigatórios do catolicismo. Traz apontados todos os moradores do local, em cada rua e cada fogo, fornecendo prenome e sobrenome (algumas vezes, o estado conjugal), seguidos de anotações sobre o cumprimento ou não dos sacramentos, indicando os que estavam em dívida com tais preceitos.

O terceiro – *Status Animarum* – assemelha-se ao anterior. Apresenta uma listagem de todas as pessoas (almas) de uma circunscrição eclesiástica, tendo como critério, igualmente, o arrolamento por fogos ou domicílios. Era realizado com o mesmo objetivo de mapear os fiéis e a satisfação de suas respectivas obrigações religiosas.

E, finalmente, os *livros de ordenação e votos* que agrupam a relação nominal (nome e sobrenome), a filiação, a data e o local da ordenação dos indivíduos que ingressaram na carreira eclesiástica.

q) **outras listagens civis** – fornecem dados demográficos sobre categorias sociais específicas, mas consistem em listas avulsas, pouco conhecidas e pouco homogêneas, o que dificulta o seu emprego em exploração serial em grande escala.

Englobam informações dispersas em inúmeros arquivos sobre comerciantes, senhores de engenho, fazendeiros, presos, criminosos, vadios, alunos e professores, em temporalidades e localidades distintas. Dois tipos, no entanto, têm sido mais trabalhados pelos historiadores.

O primeiro deles – as *listas de regimentos de milícias*[57] – oferece informações pessoais sobre milicianos. Traz de cada um deles: o nome e o sobrenome, filiação paterna, naturalidade, idade, estado conjugal, bem como dados acerca de sua estatura, cor da pele, cor dos olhos, formato da testa, cor e tipo de cabelo, espessura da sobrancelha, presença ou não de barba, sua densidade, formato e cor. Indica, ainda, a posição militar, o posto atual, companhia e esquadra a que pertence, data em que assentou praça, promoções recebidas e transferências havidas. São registros demográficos e sociais importantes para o estudo da parcela masculina da população. As listas podem ser utilizadas isoladas ou complementando listas nominativas de habitantes.

O segundo – as *listas de matrículas de escravos* –, por sua vez, vem fundamentando importantes estudos sobre a escravidão no País. Alguns registros parciais e dispersos podem ser encontrados desde o século XVIII, mas foi a promulgação da Lei do Ventre-Livre, em 1871, que instituiu a primeira "matrícula geral" ou registro nacional de escravos.[58] Seu propósito original – o recolhimento de impostos destinados ao fundo de emancipação – demandou a coleta de informações pessoais sobre cada um deles, incluindo nome, sexo, estado, aptidão para o trabalho e filiação de cada um, se fosse conhecida. Tais dados, associados aos provenientes de outras fontes, tais como inventários *post-mortem*, permitiram

---

[57] Os regimentos de milícias eram, até 1831, tropas de segunda linha, alocadas em vilas e cidades do Brasil.

[58] ALANIZ, 2006. Op. cit., p. 3.

excelentes pesquisas sobre a demografia da família escrava, bem como a organização da força de trabalho cativa em momentos imediatamente anteriores à emancipação.[59]

r) **documentos sobre imigração e núcleos coloniais** – constituem rico conjunto de dados que dizem respeito ao processo de introdução maciça do imigrante no País – últimas décadas do século XIX e primeira metade do XX – e que, segundo Bacellar, merecem estudos mais sistemáticos.[60] São, em geral, registros de controle de viagem (listas de bordo), de desembarque nos portos e de entrada de imigrantes em hospedarias.[61] Os trabalhos que realizavam podem ser encontrados, por sua vez, em papéis relativos aos núcleos coloniais: registros de concessões de lotes, registros médicos, correspondências, recenseamentos, registros de títulos, entre outros exemplos.

Os primeiros estudos sobre imigração, associados notadamente à questão da transição ao trabalho livre no País, foram realizados nas décadas de 1960 e 1970. Nesse contexto, inserem-se trabalhos clássicos como os de Emília V. da Costa e José S. Witter.[62] Nas décadas seguintes, foram realizadas pesquisas sobre a presença de imigrantes de diferentes nacionalidades no Estado de São Paulo.[63] Esmeralda de Moura,

---

[59] Ver SLENES, Robert W. *Na senzala, uma flor: esperanças e recordações na formação da família escrava, Brasil, Sudeste, século XIX*. Rio de Janeiro: Nova Fronteira, 1999.

[60] BACELLAR, 2005. Op. cit., p. 30-31.

[61] Um banco de dados informatizado, criado e mantido pelo Memorial do Imigrante disponibiliza, por consulta on-line, no site www.memorialdoimigrant. sp.gov.br, informações básicas relativas às famílias imigrantes que substituíram a mão-de-obra cativa no Estado de São Paulo.

[62] Ver COSTA, Emília Viotti da. *Da senzala à colônia*. 4. ed. São Paulo: UNESP, 1998; e WITTER, José S. *Ibicaba, uma experiência pioneira*. 2. ed. São Paulo: Arquivo do Estado, 1982.

[63] Alguns trabalhos fazem parte da série Imigração, coordenadas por Boris Fausto. Para mais detalhes ver FAUSTO, Boris. *Historiografia da imigração em São Paulo*. São Paulo: IDESP, Editora Sumaré, 1991.

História & Documento e metodologia de pesquisa

por sua vez, fez um balanço da produção paulista sobre o este tema, levantando algumas questões ainda não resolvidas.[64]

Outros trabalhos, produtos de um grupo de pesquisa da Universidade Federal do Paraná, têm adotado uma abordagem demográfica do problema e destacam a reconstituição dos modos de viver da família imigrante.[65]

s) **documentos de polícia** – são, por sua vez, registros da ação repressora do Estado e formam um rico acervo composto de *livros de ocorrência, fichas de arquivo, prontuários de indivíduos, instituições, sindicatos e partidos*, entre tantos outros, que definem práticas de ações criminosas e/ou contravenções. Diversos trabalhos acadêmicos utilizam essas fontes, notadamente os voltados para o estudo do cotidiano nos períodos imperial e republicano, devido às inúmeras possibilidades de associação com segmentos específicos da sociedade.[66] Todos, em geral, alertam para os riscos desse tipo de análise que, ao recuperar a "fala" desses testemunhos, não considera a intervenção do escrivão, as "fórmulas" do escrito, as possibilidades de coerção do depoente, entre outros fatores.

Para o período republicano recente, os arquivos do Departamento de Ordem Política e Social (DEOPS) foram

---

[64] Ver MOURA, Esmeralda Blanco Bolsonaro de. *O processo de imigração em São Paulo nas primeiras décadas republicanas: questões em aberto*. São Paulo: CE-DHAL/USP, 1996.

[65] Ver, dentre outros, ANDREAZZA, Maria Luiza; NADALIN, Sérgio Odilon. *Imigrantes no Brasil: colonos e povoadores*. Curitiba: Nova Didática, 2000.

[66] Como tratado em capítulos anteriores, Maria Sylvia de Carvalho Franco é uma das pioneiras no uso desse tipo de documentação. Por outro lado, a historiografia feminista tem desenvolvido pesquisa sobre a condição das mulheres, buscando resgatar sua participação histórica nestes registros, dando margem à questionável "historiografia da vitimização" feminina. Para mais detalhes dessa abordagem, ver capítulo II desta publicação. Registros policiais também são utilizados para o estudo do escravismo; ver, por exemplo: CHALHOUB, Sidney. *Visões da liberdade: uma história das últimas décadas da escravidão na Corte*. São Paulo: Cia. das Letras, 1990.

recolhidos aos arquivos públicos estaduais, revelando os bastidores da ação repressora do Estado contra indivíduos considerados perigosos e subversivos.[67] A análise dessa documentação, produzida por um regime de tipo autoritário, exigem do historiador a imperiosa necessidade de crítica das fontes, pois:

> Os arquivos da polícia ou os relatórios dos "informantes oficiosos", por exemplo, têm também por função acobertar aqueles que os redigem, fazer com que seus autores sejam tidos como eficientes, sendo, o mais das vezes, redigidos de modo que agradem àqueles que os vão ler, para que se obtenham vantagens para seus autores, promoções, ou simplesmente tranqüilidade, e para que comprometam terceiros sobre os quais poder-se-ia, em seguida, fazer pressão. Em tal regime de suspeita, de repressão constante, mas muitas vezes intermitente, tudo é dissimulação, tudo também é expressão de desconfiança, de suspeita. Deve-se, por essa razão, considerá-lo como a palavra do Evangelho? [...] Nada poderia ser pior do que considerar ao pé da letra o que dizem os arquivos... [68]

t) **processos de tutela** – não muito extensos, são documentos em que um juiz nomeia um tutor para o órfão, podendo ser da mesma família ou não. Não chegam a ser indicativos definitivos das taxas de orfandade porque nem sempre essa relação é levada à Justiça. Nas camadas sociais mais altas, o tutor funciona como um guardião dos bens do órfão e um mentor. Quando os processos de tutela envolvem libertos, ingênuos[69] e crianças pobres, na maioria das vezes,

---

[67] BACELLAR, 2005. Op. cit., p. 32.

[68] Ver François, Étienne. Os "Tesouros" da Stasi ou a miragem dos arquivos". In: BOUTIER, Jean; JULIA, Dominique (Orgs.). *Passados recompostos. Campos e canteiros da História*. Rio de Janeiro: UFRJ/FGV, 1998, p. 157-158.

[69] Crianças, filhas de mães escravas, nascidas livres devido à promulgação da "Lei do Ventre-Livre", de 28 de setembro de 1871. Seu texto legal assegurava ao senhor da

História & Documento e metodologia de pesquisa

a chancela da Justiça pode mascarar uma apropriação da mão-de-obra desses órfãos. E, nesses casos, muitas vezes, aparecem, no processo, membros das famílias das crianças e adolescentes, que, questionando o vínculo tutelar, conseguem recuperar esses órfãos.[70] Nesse sentido, os processos de tutela não são uma boa fonte quantitativa pelo espectro de relações de parentesco e apadrinhamento que acontece paralelo ao processo judicial, mas são uma excelente fonte qualitativa porque permitem recuperar histórias de famílias pobres, principalmente em épocas de epidemias, quando os órfãos aumentam.

u) **processos de cobrança, execução e adjudicação de bens** – aparecem em função de dívidas não quitadas.[71] Até hoje, a grande maioria dos documentos encontrados envolvia casas contratadoras de café e agricultores. Uma constatação interessante é que, quando o devedor sabidamente perdeu suas posses em função de má colheita ou de crise no mercado internacional, a ação é empreendida diretamente contra o avalista. Uma vez estabelecida a legitimidade da dívida e a sentença tendo transitado em julgado, ou seja, ter sido publicada e dada a ciência às partes, o credor pode começar o processo de execução, que envolve a eventual penhora de bens do devedor, caso não existam ativos para cobrir a dívida. São processos que servem para rastrear a trajetória das fortunas familiares e ajudam os economistas a calcular o impacto das

---

progenitora a posse dos filhos livres desta até completarem a idade de oito anos, quando esse mesmo senhor poderia optar entre repassar os menores ao Estado, recebendo uma indenização, ou utilizar-se de seus serviços gratuitamente até que os mesmos completassem 21 anos. Por sua vez, para desobrigar-se da prestação de serviços gratuitos, os menores, nascidos livres, deveriam pagar indenização aos proprietários de suas mães. Ver ALANIZ, Anna Gicelli G. Ingênuos e libertos: Estratégias de sobrevivência familiar em épocas de transição. 1871-1895. Campinas: Centro de Memória/UNICAMP,1997, p. 18-19.

[70] ALANIZ. 2006. Op. cit., p. 3.

[71] ALANIZ. 2006. Idem, p. 3

crises, nacionais e internacionais, no cotidiano dos produtores. A adjudicação de bens é a passagem de um determinado bem para o nome do credor ou a seqüência de um outro tipo de processo denominado "*insinuação de doação*", que visa legalizar a posse de um bem dado informalmente. Muitas vezes, esse tipo de processo ajuda a perceber os meandros familiares e a presença da ilegitimidade junto à família legalmente constituída.

v) **documentos pessoais e entrevistas** – formam um acervo pessoal e/ou um conjunto de dados relativos à vida de um indivíduo, notadamente de notório saber e/ou de vida pública, e podem sustentar tanto a elaboração de biografias como o ambiente político e intelectual de um determinado período. São normalmente preservados em centros de pesquisa de instituições acadêmicas e/ou fundações. No primeiro caso, estão incluídas as *bibliotecas* de historiadores brasileiros do século passado. Contêm livros, anotações, cartas e correspondências, registros de pesquisa, artigos, conferências, originais de obras publicadas, entre outros tantos registros que dão conta da trajetória profissional de cada um. Esse é também o caso de acervos de profissionais de outras áreas, como jornalistas, líderes sindicais e políticos.

No segundo, dando conta da diversidade de registros que fundamentam os atuais estudos históricos, a realização de entrevistas com figuras públicas destina-se não apenas à preservação de sua memória, como também a ela se associa o trabalho que o indivíduo realiza. Séries de entrevistas com expoentes da música popular, por exemplo, registram tanto dados vitais de formação e influências como a execução de suas composições. Por outro lado, o trabalho do historiador com base em entrevistas ainda não permite a realização de estudos comparativos. Os inúmeros estudos acadêmicos sustentados pela História Oral – uma prática cada vez mais comum quando o objeto de análise aproxima-se do tempo real – criaram ricos bancos de dados que estão por exigir centralização de acervos e temas, bem como adoção de quesitos essenciais, compatíveis a cada assunto.

Todos os tipos de documentos citados acima não dão conta, porém, do amplo leque de fontes primárias e secundárias utilizadas pelos historiadores nas últimas décadas. Constituem apenas exemplos de registros e, como tal, devem ser entendidos. Permitem, em função do método de trabalho adotado por cada pesquisador, a realização de análises de temas, sustentados por teorias políticas, econômicas, sociais e culturais, que procuram dar nexo aos processos históricos. E, assim o fazendo, contribuem para dar sentido, em toda a sua complexidade, às relações entre os seres humanos, aos diversos grupos sociais, enfim ao conjunto da sociedade, tanto agora como no passado.

Nunca é demais afirmar, porém, que uma pesquisa histórica não se restringe ao trabalho com o documento escrito. O avanço do estudo da História em nosso País se manifesta não apenas no aumento considerável no número de cursos especializados, de graduação e/ou de pós-graduação, como também na realização de inúmeros congressos, simpósios e conferências que, congregando especialistas, permitem a troca de experiências e a realização de um diagnóstico mais preciso do estado atual do conhecimento histórico. E nesse sentido, destaca-se a Associação Nacional de História (ANPUH),[72] que, nas últimas décadas, vem reunindo profissionais da área – professores e alunos – em congressos bianuais de abrangência nacional e/ou regional.

---

[72] A Associação Nacional dos Professores Universitários de História (ANPUH) foi fundada em 1961 e, a partir de 1993, assumiu o nome atual, pois passou a incluir professores dos ensinos fundamental e médio e, mais recentemente, profissionais atuantes nos arquivos públicos e privados, e em instituições de patrimônio e memória espalhadas por todo o País. Para mais informações sobre essa entidade, incluindo detalhes sobre a formação de grupos específicos de trabalho, acessar www.anpuh.org

Uma rápida avaliação dos resultados obtidos nesses eventos, ao mesmo tempo em que indica as mais diversas tendências da historiografia brasileira, possibilita a identificação de Grupos de Trabalho específicos que, por todo o País, congregam pesquisadores que vêm trabalhando temas variados, sob uma perspectiva multidisciplinar. O acesso à distância do amplo conjunto dessas informações torna possível identificar os mais diferentes tipos de documentos por eles trabalhados, como esses registros estão analisados e quais os vieses de interpretação que vêm sendo adotados. E é nesse sentido que se busca, a seguir, demonstrar a eficácia de novos procedimentos do estudo da História: o auxílio do computador e da internet.

CAPÍTULO IV

A leitura crítica do documento

Enquanto registro dos acontecimentos do passado – dos tempos mais remotos aos dias mais atuais –, o documento era quase sempre, e notadamente para um público não – especializado, associado e identificado com o texto escrito, em sua versão impressa e/ou manuscrita. Embora pleno de vestígios materiais, o período anterior aos registros escritos constituíra, assim, o domínio da pré-História, um campo de interesse científico que, por demandar métodos e técnicas específicas, seria visto como mais apropriado à Arqueologia do que à História. Não por acaso os currículos escolares vinham reafirmando, didaticamente, a "escrita" como o primeiro grande marco divisor da própria cronologia histórica.

O caráter dinâmico do estudo e do ensino da História, porém, manifesta-se na própria definição atual do que é o documento histórico. Auxiliando o trabalho dos alunos, dos professores, dos jovens pesquisadores, os critérios dos parâmetros curriculares nacionais, elaborados na última década do século XX, propõem uma ampla definição de documentos, a saber:

> São cartas, livros, relatórios, diários, pinturas, esculturas, fotografias, filmes, músicas, mitos, lendas, falas, espaços, construções arquitetônicas ou paisagísticas, instrumentos e ferramentas de trabalho,

117

COLEÇÃO "HISTÓRIA & ... REFLEXÕES"

utensílios, vestimentas, restos de alimentos, habitações, meios de locomoção, meios de comunicação.

São, ainda, os sentidos culturais, estéticos, técnicos e históricos que os objetos expressam, organizados por meio de linguagens (escrita, oralidade, números, gráficos, cartografia, fotografia, arte).[1] Constituem, portanto, uma diversidade de registros que, entendidos em uma dupla perspectiva, possibilitam a realização da crítica histórica, seja sob o ângulo da dimensão material – as formas que assumem – seja sob o da dimensão abstrata – a sua expressão simbólica. Uma rápida leitura da listagem acima permite aferir, assim, que os registros escritos não se constituem mais nas únicas fontes do conhecimento histórico. Os documentos que não utilizam o alfabeto como signo gráfico, isto é, as fotos, os filmes, as músicas, os objetos, as línguas, a memória oral, o anedotário, os discursos, as representações, os hábitos e as práticas, por exemplo, nem por isso, deixam de constituir uma outra forma específica de linguagem. Para serem estudados, porém, todos demandam um prévio e apropriado conhecimento desses diferentes meios de expressão. Ou, colocando de outra forma, não conhecer os valores, os interesses, os problemas, as técnicas e os olhares expressos por cada um deles implica uma leitura acrítica do documento, ou seja: o seu emprego como mera ilustração da análise produzida.[2]

A utilização de registros diversos comprova, assim, que o avanço da ciência histórica está intimamente associado à interdisciplinaridade, isto é, à incorporação de métodos e técnicas de outras áreas do conhecimento.[3] A realização de

---

[1] Secretaria, 2000. Op. cit., p. 79.

[2] PAIVA, 2004. Op. cit., p. 13.

[3] A questão da incorporação de métodos e técnicas de outras áreas do conhecimento à História é um dos objetivos da Coleção História & Reflexões, coordenada por Eduardo França Paiva e por Carla Maria Junho Anastasia. Tornando didática essa associação, remete-se o leitor aos autores e títulos que se seguem: PAIVA,

entrevistas, por exemplo, possibilita o registro de testemunhas que vivenciam fatos/acontecimentos, uma abordagem da História oral que faz do tempo presente um campo de estudo não mais exclusivo da Sociologia. A análise das imagens, por sua vez, não apenas propicia a realização de uma História da pintura, da fotografia, da televisão e/ou do cinema, isto é, da evolução técnica de meios que permitem o registro de textos e imagens, mas também constitui-se em representações do vivenciado e do visto, do sentido e do imaginado.

O trabalho com uma ampla gama de registros demanda, assim, novas competências do historiador. Estas, porém, não se manifestam apenas na dimensão interdisciplinar de métodos e técnicas de pesquisa. Torna-se imperioso lembrar que a operação histórica consiste, após ter reunido, criticado e dissecado o conjunto de documentos disponíveis, em estabelecer encadeamentos entre os diversos componentes do tema estudado – de acordo com o método adaptado a cada caso – e construir um discurso atribuindo-lhes coerência e sentido.[4] E é nesse contexto que o uso do computador, além de permitir a criação de bancos de dados, ao re-situar o objeto de estudo em um círculo diversificado de informações e apreender correlações entre vários elementos, torna-se uma poderosa e eficiente ferramenta de trabalho.

Eduardo França. *História & Imagens*. 2. ed. Belo Horizonte: Autêntica, 2004; PESAVENTO, Sandra J. *História & História Cultural*. 2. ed. Belo Horizonte: Autêntica, 2005; MENESES, José Newton C. *História & Turismo Cultural*. Belo Horizonte: Autêntica, 2004; BORGES, Maria Eliza L. *História & Fotografia*. 2. ed. Belo Horizonte: Autêntica, 2005; DUARTE, Regina H. *História & Natureza*. Belo Horizonte: Autêntica, 2005; NAPOLITANO, Marcos. *História & Música*. *História Cultural da Música Popular*. 2. ed. Belo Horizonte: Autêntica, 2005; FONSECA, Thais Nivia de Lima e. *História & Ensino de História*. 2. ed. Belo Horizonte: Autêntica, 2004; BELO, André. *História & Livro e Leitura*. Belo Horizonte: Autêntica, 2002; e GONÇALVES, Andréa Lisly. *História & Gênero*. Belo Horizonte: Autêntica, 2006.

[4] Ver Bédarida, François. As responsabilidades do historiador expert. In: BOUTIER, Jean; JULIA, Dominique (Orgs.). *Passados recompostos. Campos e canteiros da História*. Rio de Janeiro: UFRJ/FGV, 1998, p.149.

COLEÇÃO "HISTÓRIA &... REFLEXÕES"

A análise do documento:
crítica interna e externa da fonte

Ao associar o documento histórico à escrita ou à representação gráfica da linguagem falada, o historiador deve ter em mente que essa é apenas uma das inúmeras formas possíveis de expressão ou de comunicação social. Quer seja registrando fatos, narrando acontecimentos relativos aos diversos agrupamentos humanos ou, ao menos, impressões e sentimentos de uma determinada pessoa, entre inúmeros outros exemplos de registros escritos, um estudioso deve destacar o óbvio: a escrita possibilita não apenas a elaboração de um texto, mas também a transmissão de mensagens entre quem o escreve e quem o lê e/ou o interpreta. E, além disso, o texto produzido exige, evidentemente, um suporte físico para se materializar. Estudado em sua dimensão material, é possível determinar quais são as formas/tamanhos que um registro escrito pode assumir; os elementos (naturais ou não) utilizados na sua confecção; as técnicas empregadas na sua fabricação, dando conta, portanto, de sua dimensão material.[5]

Do papiro ao papel, dos códices ao livro impresso, chegando aos *softwares* ou processadores de textos de vida útil ainda indeterminada, dos primitivos instrumentos de escrita aos sofisticados e disponíveis meios de impressão eletrônica; são inúmeros os materiais e os suportes físicos associados a um texto escrito (tabuinhas de argila, tecidos, conchas, cerâmicas, marfim, folhas de palmeira etc.).[6] Se, por não conterem aditivos químicos, os papiros podem chegar a obter uma durabilidade milenar, o mesmo não pode ser dito de outros materiais dos quais os textos são produzidos. Daí a importância de sua conservação apropriada e a existência, entre

---

[5] Secretaria, 2000. Idem, p. 79.

[6] Para uma melhor associação entre a escrita – do manuscrito à impressão – e a História, ver: BELO, 2002. Op. cit., p. 27.

alguns historiadores, de certa "nostalgia" pelas informações perdidas, e o reconhecimento de que a perda do documento implica destruição de informações únicas sobre o passado.[7] Independentemente da durabilidade do texto escrito, convém lembrar que são, porém, apenas duas as formas de registro da escrita: a *manuscrita* e a *impressa*.[8] Entre essas duas, a invenção da imprensa e a divulgação de livros e/ou textos impressos vinham se constituindo, nos antigos manuais sobre o trabalho do historiador, em uma espécie de divisor de águas. De fato, se a leitura de textos antigos manuscritos exigiria do pesquisador a realização de estudos especiais de paleografia, a palavra impressa, por sua vez, permitiria uma aproximação mais fidedigna das mensagens que registra.

Verifica-se, assim, uma das possíveis armadilhas em que pode incorrer o historiador: independentemente da forma como a palavra escrita é registrada, não é possível esquecer que um texto, primeiro e antes de tudo, é a representação física da linguagem. Ora, enquanto veículo de ideias e informações, a linguagem escrita traduz um universo simbólico – uma *dimensão abstrata* – que abarca signos, símbolos, conteúdos, mensagens, sentidos, construção argumentativa, entre outros pressupostos.[9] Sua decodificação impõe, ainda, o conhecimento do contexto muito preciso que o produziu ou fez existir; demanda, portanto, um trabalho de especialistas ou a crítica da erudição.

---

[7] Uma possível exceção para a fragilidade do texto escrito e que atualmente se pesquisa é o emprego do chamado "papel permanente", o qual, semelhante ao papiro e fabricado em larga escala, não se deteriora se mantido em condições apropriadas de luz e umidade.

[8] Vale lembrar que um texto pode se apresentar digitalizado, sendo armazenado como imagem em *chips* de memória de computadores pessoais, *laptops, palmtops* ou, ainda, em disquetes, em um CD-ROM e/ou DVD. Pode, dessa maneira, ser transmitido via internet e, inclusive, por telefonia sem fio. Sua representatividade física, porém, depende da impressão.

[9] Secretaria, 2000. Idem, p. 79.

Logo, identificar com precisão a simbologia contida em um texto escrito implica, em um primeiro momento, estabelecer o contexto histórico do documento, não apenas definindo as relações entre seus conteúdos e a época em que o mesmo foi produzido, como também reconhecendo o(s) seu(s) autor(es). Da maior precisão na identificação de autoria, conteúdos e época dependem maior ou menor grau de apropriação(ões) de sua(s) mensagem(ns) pelo(s) seu(s) leitor(es). Vale ressaltar que, como afirma Belo, enquanto a escrita é a atividade produtora de sentido que os historiadores mais utilizam como fonte, a leitura – sendo ela também produtora de sentidos –, embora deixe poucas marcas nas fontes, nem por isso se constitui em um exercício inócuo realizado pelo leitor.[10]

Na decodificação da mensagem transmitida pelo registro histórico escrito, convém lembrar que a comunicação de uma mensagem, agora como no passado e como em qualquer outro processo, requer alguns elementos apresentados em uma determinada ordem.[11] O primeiro deles é que haja um *emissor* ou emitente, que é quem detém ou detinha a informação a ser transmitida. Cabe ao emissor transformar a ideia original em *mensagem* a ser comunicada. A mensagem, por sua vez, precisa ser codificada de tal forma para que, quem a receba, possa decodificá-la ou entender seu significado. Os *códigos* utilizados pelo emissor são associados ao domínio dos sentidos, isto é, a identificação visual (a palavra ou o desenho), sonora (a música e a conversa), tátil (método Braille), olfativa e gustativa.

O quarto elemento é sempre o *meio* ou a condição física para a transmissão da mensagem: desenhos rupestres, documentos, jornais, revistas, televisão, cinema, por exemplo. Vale enfatizar, aqui, que uma mensagem tanto pode ser

---

[10] BELO, 2002. Idem, p. 53.

[11] As ideias desenvolvidas sobre a comunicação de uma mensagem se baseiam em SILVEIRA, William S. *O processo da comunicação*. São Paulo: CCINT, 2005. (texto mimeo).

transmitida por palavras quanto por uma ou mais imagens, ou por uma associação entre dois ou mais tipos de códigos. O passo seguinte é a identificação do *receptor*, isto é, daquele a quem a transmissão da ideia original se destina. E a este, cabe *decodificar* a mensagem da forma mais próxima do pensamento original que o emissor pretendeu transmitir. Um alerta torna-se aqui necessário quanto aos ruídos que possam comprometer a compreensão da ideia transmitida e analisada nos estudos históricos: o *anacronismo*. A leitura ou a interpretação de mensagens do passado com os olhos do presente podem levar um pesquisador a comprometer os resultados de todo o seu trabalho. Ao historiador, cabe realizar uma análise das informações obtidas sem atribuir a elas valores próprios de uma época ou de uma sociedade distintas.

Embora evitando uma discussão mais acurada com outras áreas do conhecimento, como os métodos e as técnicas relativas ao estudo do texto escrito (a linguística, a semântica e a lexicologia, entre outros), o risco de anacronismo torna necessário relembrar as possíveis formas de interação entre o leitor e o texto. Deve-se partir, de fato, de um pressuposto metodológico essencial, a saber:

> [...] a análise de textos em pesquisa histórica é o de que um documento é sempre portador de um *discurso* que, assim considerado, *não pode ser visto como algo transparente.*[12]

Como sugere os parâmetros curriculares nacionais, cabe ao leitor do texto, quer seja ele um pesquisador sênior ou iniciante, um professor de História ou um estudante em qualquer nível de ensino, ou até mesmo um diletante, dis-

---

[12] Ver CARDOSO, Ciro F. ; VAINFAS, Ronaldo. História e análise de textos. In: CARDOSO, Ciro F. & VAINFAS, Ronaldo (Orgs.). *Domínios da História. Ensaios de teoria e metodologia.* Rio de Janeiro: Campus, 1997, p. 375-399. A citação, com grifos dos autores, encontra-se na p. 377.

tinguir os contextos, as funções, os estilos, os argumentos, os pontos de vista e as intenções do autor.[13] Ou, colocando de outra forma, compete ao estudioso da História realizar a leitura crítica interna ou externa do documento.

Como quer Paiva, vale lembrar que a História é uma construção que não cessa, é uma perpétua gestação do presente para o passado; logo o documento não pode ser entendido como a realidade histórica em si, mas trazendo porções dessa realidade. Além disso, as fontes históricas são sempre lidas e exploradas com os filtros do presente, de acordo com os valores, as preocupações, os conflitos, os medos, os projetos e os gostos de cada observador. Em seguida, esse autor sugere as perguntas fundamentais que devem dar início a todo o trabalho e a todas as reflexões: Quando? Onde? Quem? Para quem? Para quê? Por quê? Como? E, ainda, propõe questionamentos sobre os silêncios, as ausências e os vazios que sempre fazem parte do conjunto e que, por não serem tão facilmente detectáveis nas fontes, são, por vezes, ignorados.[14] Também não cabe ao historiador recusar-se a admitir que, mesmo sendo um documento considerado "falso", as informações que ele transmite podem ser de grande utilidade em seu trabalho.

Se os estudos históricos dependem do trabalho com o documento, o progresso da História, por sua vez, depende da *lógica da acumulação* de conhecimentos do historiador e de seus instrumentos de trabalho: de repertórios de arquivos e de fontes; bibliografias gerais e especializadas; dicionários de época e atuais; editores de texto; banco de dados, entre outras necessidades levantadas na relação entre o pesquisador e o objeto da pesquisa.[15] A qualidade da produção histórica, por sua vez, não deriva, apenas, da pertinência das questões levantadas pelo historiador no trato do documento, pois seus

---

[13] SECRETARIA, 2000. Idem, p. 79.

[14] PAIVA, 2002. Op. cit., p.18.

[15] BOUTIER; JULIA, 1998. Op. cit., p. 38.

questionamentos derivam do acúmulo de seus conhecimentos sobre o contexto histórico trabalhado. Será a legitimidade das respostas que ele encontra que afiançará a pertinência da documentação selecionada.[16] Vale lembrar, ainda, que o estudo da História é uma atividade que não cessa. Da análise do tema selecionado ao confronto com obras de autores diversos que tratam de um mesmo assunto, observa-se o constante refazer das interpretações do passado. Nesse quadro, é que se insere a importância da historiografia – ou do *estudo da História da própria História* –, incluindo autores e/ou "escolas", bem como associando os resultados das pesquisas com o contexto histórico em que foram produzidos. O ofício do historiador, hoje como no passado, continua a demandar o aprendizado de todo um conjunto de operações especializadas – técnicas, métodos e diferentes instrumentos de trabalho – e, acima de tudo, o exercício da ética.

As fontes e as possibilidades de análise qualitativa e/ou quantitativa

Ao acompanhar a trajetória dos estudos da História no País, é possível reconhecer, de imediato, o papel desempenhado pela academia no aprofundamento de teorias e métodos científicos de trabalho e na difusão do conhecimento histórico. Mudanças no "olhar" do historiador, acompanhadas pelo aumento do número de profissionais dessa área de pesquisa específica, fundamentariam a ampliação do leque de temas trabalhados. Dos estudos mais gerais que sustentaram as análises seminais de Sérgio Buarque de Holanda e de Caio Prado Júnior aos mais específicos que responderam a inúmeras lacunas do conhecimento sobre o passado brasileiro, as gerações de historiadores que os sucederam, formadas pela

---

[16] BOUTIER; JULIA, 1998. Idem, p. 38.

universidade, continuam enfrentando o desafio de renovação de métodos e técnicas de pesquisa. E estas se traduzem em significativas modificações no conceito de fontes históricas.

Reconheceu-se, de início, que os estudos fundamentados em documentos voluntários e oficiais, como ofícios, correspondências, atas, relatórios de presidentes de províncias, falas do trono, mensagens presidenciais, entre tantos outros, haviam permitido construir uma interpretação histórica eminentemente política. Esta, por sua vez, notadamente a partir da segunda metade do século passado, seria problematizada não apenas pelo modelo sóciohistórico de interpretação marxista, como também pela influência da Escola dos Annales.[17] A busca de explicações na longa duração e nas estruturas econômico-sociais encaminhou inúmeros estudos baseados em séries numéricas ou quantitativas que, a partir de então, seriam reconhecidas como instrumento heurístico insubstituível.

O trabalho com as séries quantitativas exigiu, portanto, a seleção de uma documentação massiva, relativa ao campo econômico, social e mental, revelando o duradouro, a longa duração. Longe do enfoque oficial, buscou-se vencer os silêncios e as lacunas das fontes quanto à vida cotidiana das massas anônimas, à sua vida produtiva, às suas crenças coletivas. Daí o recurso aos mais variados tipos de documentos, como listas de preços, de salários, séries de certidões de batismo, óbito, casamento, nascimento, registros cartoriais, eclesiásticos, contratos, inventários, testamentos, entre tantos

---

[17] Fundada em 1929, por Marc Bloch e Lucien Febvre, a revista *Annales* reuniu um grupo heterogêneo de pesquisadores e introduziu profundas modificações no estudo da História. Seus objetivos iniciais – a substituição da tradicional narrativa dos acontecimentos pela história-problema, o extrapolar o âmbito da História Política alcançando todas as atividades humanas, e uma ênfase na interdisciplinaridade – revolucionaram a historiografia. Para um estudo aprofundado de sua contribuição, ver BURKE, Peter. *A Revolução Francesa da historiografia: A Escola dos Annales* (1929-1989). São Paulo: UNESP, 1991.

História & Documento e metodologia de pesquisa

outros. Correspondem a uma mudança de objetos e territórios do historiador em um momento em que, marcada pela internacionalização da pesquisa histórica e pela diversidade de abordagens, a própria História aliou-se às ciências sociais. Marcada pela interdisciplinaridade, a "nova História" inventa, reinventa ou recicla as fontes documentais. Em busca do domínio do tempo presente, os historiadores usam registros de todos os tipos. Para Reis, sob influência direta dos Annales, eles buscaram escritos psicológicos, orais, estatísticos, plásticos, musicais, literários, poéticos, religiosos.[18] Assim:

> Utilizavam de maneira ousada e inovadora a documentação e as técnicas das diversas ciências sociais: *da economia*, arquivos bancários, empresas, balanços comerciais, documentos portuários, documentos fiscais, alfandegários; *da demografia*, registros paroquiais, civis, recenseamentos; *da antropologia*, os cultos, os monumentos, os hábitos de linguagem, os livros sagrados, a iconografia, os lugares sagrados, as relíquias, os gestos, as palavras miraculosas, a medicina popular, as narrativas orais, os processos de inquisição, os testamentos, o vocabulário, o folclore, os rituais; *do direito*, arquivos judiciários, processos criminais, arquivos eleitorais, correspondências oficiais, a legislação; *da arqueologia*, eles continuarão a utilizar as cerâmicas, tumbas, fósseis, paisagens, conjuntos arquiteturais, inscrições, moedas. As técnicas para o tratamento dessas fontes: teorias econômico-sociais, a informática, a reconstituição de famílias, a análise estatística, modelos, inventários, a lexicografia, a fotografia aérea, a fenologia,

---

[18] Influenciado pela Antropologia Cultural, Freyre fez isso em *Casa Grande & Senzala*. A diversidade de fontes por ele utilizadas, como era comum para a época, deu ao seu livro um estatuto sociológico e antropológico. Seu posterior enfoque historiográfico decorre de uma releitura atual empregada por historiadores que tratam, principalmente, de temas ligados à cultura, à família e à população.

a dendrocronologia, o carbono 14, a genealogia, o microfilme, o gravador, a filmagem etc.[19]

Nesse modelo, a verdade seria assegurada pelas leis dos "grandes números", pela criação de séries temáticas, de bancos de dados e por critérios objetivos de seleção de amostras, devidamente acompanhadas de testes de validação de séries estatísticas. A qualidade do trabalho produzido, por sua vez, depende das questões elaboradas por cada historiador, e a validade das respostas obtidas remete, necessariamente, à pertinência da documentação mobilizada em relação aos questionamentos propostos. Face aos grandes números, os temas se dividem, subdividem ou, até mesmo, se circunscrevem às instâncias cada vez menores, o que traz o perigo do isolamento progressivo de pesquisas e pesquisadores. O saber histórico se fragmenta.

Em busca de unidade de conhecimento, observa-se, na última década, a publicação de coletâneas de especialistas sobre sua área de conhecimento. Como objeto de estudo, questionam-se os domínios da História, as perspectivas atuais da historiografia brasileira, a natureza atual das fontes históricas, e elaboram-se reflexões sobre novos métodos e técnicas de trabalho.[20] Entre estas últimas, destaca-se a informática que, digitalizando o documento, criando bancos de dados e acelerando a troca de informações entre os pesquisadores, impõe a redefinição das práticas de trabalho do historiador.

A construção e o uso de bancos de dados

Nos dias de hoje, o ofício do historiador passa, necessariamente, pelos domínios da informática. Incorporado às

---

[19] Conclusões que derivam de afirmativas de Dosse, Burke e Le Roy Ladurie. Essa citação, com grifos do autor, encontra-se em REIS, José Carlos. *Escola dos Annales. A inovação em História*. 2. ed. Rio de Janeiro: Paz e Terra, 2000, p.23-24.

[20] Ver, respectivamente, CARDOSO; VAINFAS, 1997. Op. cit.; FREITAS (Org.), 1998; PINSKY (Org.), 2005; e os diversos volumes da coleção História & Reflexões, coordenada por Eduardo Paiva e Carla Anastasia.

rotinas cotidianas de trabalho o computador pode ser empregado, pelo menos, como um processador de textos com muito mais recursos técnicos do que os oferecidos por uma máquina de escrever e/ou de cálculo. Quando conectado à internet ou à rede internacional de comunicação – a World Wide Web –, rompe os limites do espaço físico do local de trabalho. Seu uso permite, então, a troca instantânea de mensagens, dados e/ou outras informações entre dois ou mais pesquisadores, entre estes e os documentos produzidos por outros historiadores, bem como o acesso às fontes originais, secundárias e/ou levantamentos bibliográficos, armazenados à distância, em incontáveis bibliotecas, arquivos e centros de pesquisa acadêmica. Aqueles que, mais atualizados, dominam as suas formas de utilização contam, além disso, com a possibilidade de emprego de *softwares* ou programas, criados com o objetivo de auxiliar os métodos e as técnicas de pesquisa.

As inúmeras possibilidades de uso da internet demandam, portanto, novas e atuais competências do historiador, pois elas vêm modificando radicalmente a forma de reprodução, de leitura e de questionamento do documento. O computador tornou viável, graças à digitalização de textos e imagens, bem como ao armazenamento e cruzamento de dados, a possibilidade de análises com números bem mais elevados de variáveis. Nos dizeres de Boutry, sua importância pode ser avaliada:

> Nos mais diversos domínios, da econometria à lexicometria, da análise dos textos à das imagens, das taxas de fecundidade aos modelos de desenvolvimento, dos presidiários às redes urbanas, o instrumento informático permitiu acumular, em escala absolutamente inédita, informações perceptíveis ou quantificáveis sob a forma de base de dados; multiplicar as elaborações, renovar as interrogações, verificar ou anular interpretações. O computador foi para o historiador [...] o veículo de uma mutação

tecnológica e o vetor de uma revolução metodológica sem precedentes.[21]

E esta seria fundamentada, em um primeiro momento, nas possibilidades objetivas de emprego da informática nas inúmeras rotinas que envolvem o trabalho da pesquisa histórica. Segundo Figueiredo, o emprego do computador, mesmo a partir de programas ou *softwares* não especializados em História, atende diversas necessidades do historiador: de catalogação, referência e controle bibliográfico; transcrição de dados e uso de *scanners* ou máquinas digitais de fotografia; criação de planilhas, gráficos e tabelas; construção de banco de dados; entre outras que auxiliam a realização de suas análises.[22]

Trata-se, portanto, de uma ferramenta útil de trabalho que ultrapassa os limites mais comuns de seu emprego: a edição e/ou processamento de um texto. É, de fato, um instrumento produtor de mudanças ao permitir a conversão em imagens digitais de *textos impressos* e/ou *manuscritos* (cópias de originais e/ou originais do usuário), de outras *imagens* (cópias de desenhos, gráficos, pinturas, fotografias, entre tantas outras formas deste tipo de registro); ou do *som* (de mensagens, músicas, entrevistas, por exemplo), possibilitando a captação direta de um documento histórico em um banco de dados particular. Assim, quando os critérios de registro são, previamente, bem definidos pelo pesquisador, possibilitam a construção de séries homogêneas de dados, exaurindo todas as informações contidas nos mais diversos tipos de fontes e

---

[21] Ver BOUTRY, Phillip. Certezas e descaminhos da razão histórica. In: BOUTIER, Jean; JULIA, Dominique (Orgs.). *Passados recompostos. Campos e canteiros da História*. Rio de Janeiro: UFRJ/FGV, 1998, p. 70.

[22] Outras possibilidades devem surgir acompanhando o acelerado progresso da comunicação digital. Muitas das que estão apresentadas neste artigo deverão ser superadas em curto espaço de tempo. Essa afirmativa é levantada por vários autores que discutem este tema. Ver, por exemplo, FIGUEIREDO, Luciano R. História e informática: O uso do computador. In: CARDOSO, Ciro; Vainfas Ronaldo (Orgs.). *Domínios da História. Ensaios de teoria e metodologia*. Rio de Janeiro: Campus, 1997, p. 420.

possibilitando cruzamentos de variáveis cada vez mais ricas graças à interconexão de suas bases. Em resumo, além da visualização gráfica de determinadas situações, de acelerar cálculos matemáticos de indicadores, de projetar realidades, de estabelecer crítica textual, quando bem definidos, os seus registros multiplicam o alcance quantitativo e qualitativo de uma pesquisa.[23]

Com o seu emprego obtém-se, também, um ganho de tempo considerável, um enriquecimento permanente de uma base documental e maior facilidade no "publicar" tudo ou parte dos dados acumulados, tanto no papel como em disquete, em CD-ROM e/ou DVD, menos dispendiosos e passíveis de serem atualizados periodicamente.[24] De fato, se programas comuns vinham sustentando a formação dos primeiros acervos individuais de pesquisa, o aumento da capacidade de memória da máquina – de *megabytes* para *gigabytes* – permitiu o armazenamento de volumes antes inimagináveis de informação, tanto em casa como no local de trabalho. Por sua vez, a possibilidade de seu uso como uma ferramenta portátil e pessoal (os *laptops*, *palmtops* e celulares) agiliza o tempo despendido em pesquisas de fontes originais.

Logo, as maiores possibilidades de acesso ao documento, sua digitalização e o barateamento do custo de novas tecnologias de transmissão, via telefone, rádio ou *cablemodem*, bem como o aumento de velocidade na atualização de dados e programas – os *downloads* –, vêm contribuindo decisivamente para a sua popularização.

---

[23] FIGUEIREDO, 1997. Op. cit., p. 421.

[24] O termo CD-ROM – Compact Disc Read-only Memory – pode ser traduzido por Disco Compacto de Apenas Leitura. Outros tipos, como CD-R e CD-RW, permitem ao utilizador normal fazer a suas próprias gravações uma ou várias vezes, respectivamente, desde que possua o equipamento e o programa necessários. DVD, por sua vez, significa Digital Versatile Disc e consiste em um tipo de disco óptico de alta capacidade de armazenamento de dados, sons e imagens.

Como toda inovação tecnológica, porém, o uso do computador não significa apenas a adoção de novos e mais rápidos métodos de trabalho. Sua eficácia no trabalho do historiador depende de uma série de cuidados. O primeiro deles refere-se à necessidade de evitar a desagregação da unidade de saberes históricos. Ou seja, é preciso que a comunidade de historiadores no seu conjunto tenha noções precisas e atualizadas de como utilizá-lo, evitando a sensação de progressivo isolamento como a observada, por exemplo, entre os que realizam pesquisas com dados quantificáveis. De fato, quanto mais inovadores são esses estudos ao exigirem de seus interlocutores conhecimentos aprofundados de estatística e de programas específicos de análise de dados populacionais, como é o caso da demografia histórica, mais reduzidas aparecem as oportunidades de diálogo com historiadores que, mesmo se dedicando à pesquisa populacional, adotam diferentes abordagens.

O emprego do computador na construção de séries temáticas demanda um outro cuidado, de ordem eminentemente prática, a saber: como publicar/divulgar estudos individuais ou de equipe sustentados por um banco de dados de grande porte? Com o uso de anexos ao texto escrito? Ou de forma digitalizada em disquetes e/ou CD-ROM? Como garantir os direitos individuais de autoria? Quais as implicações éticas que ocorrem ao se reivindicar direitos particulares de propriedade em pesquisas patrocinadas por instituições governamentais de pesquisa? Como colocar à disposição da comunidade acadêmica os inúmeros bancos de dados já produzidos? Por que instituições de financiamento não centralizam e disponibilizam bancos de dados das pesquisas que patrocinaram?

Em nosso País, entre os historiadores que fundamentam suas pesquisas em séries numéricas, em sucessivos congressos e encontros nacionais e/ou regionais, mais do que a preocupação com a lógica do raciocínio e com o uso de instrumentos estatísticos pertinentes, nota-se, em comum, a discussão destas questões. Se a internet aparece, em um primeiro momento, como a tentativa de solução, dela decorrem outros questionamentos: como centralizar os bancos de dados individuais em uma instituição de pesquisa e/ou documentação? Quais os impasses físicos e legais dessa medida? Quais as garantias do uso correto das informações recolhidas por cada pesquisador? Como impedir a sua apropriação e usos indevidos?

Todas essas dúvidas, ainda não resolvidas, reafirmam um dos aspectos do caráter inovador desse instrumento de trabalho. Outras podem ser levantadas ao se constatar a possibilidade de estudos coletivos e devem trazer para a pesquisa histórica tantas mudanças quanto às conhecidas pelo recurso à interdisciplinaridade. Reconhece-se, *a priori*, que a digitalização de todos os documentos encontrados em arquivos públicos e particulares, bem como a possibilidade de seu acesso via internet, deverá constituir enorme ganho de tempo ao trabalho do historiador. Uma condição de excelência nesse campo, porém, depende da publicação de uma coletânea de títulos e um resumo de seus respectivos conteúdos, o que exige competências específicas dos bibliotecários e/ou arquivistas. A existência desses catálogos pode facilitar, por sua vez, a realização de pesquisas que, à distância, pareçam esgotar as possibilidades de análises de um determinado tipo de documento e/ou de tema histórico. Tais iniciativas, ainda que apenas vislumbradas, apontam para uma transformação do próprio ofício do historiador, a saber, uma ênfase maior no trabalho coletivo.

O acesso à distância às fontes originais digitalizadas pode efetivamente auxiliar/facilitar o trabalho de pesquisa individual e/ou coletiva. Um exemplo de séries documentais digitalizadas e disponíveis via internet é a pesquisa patrocinada pela Fundação Andrew W. Mellon, para produzir imagens digitais das séries de publicações emitidas, entre 1821 e 1993,

COLEÇÃO "HISTÓRIA &... REFLEXÕES"

pelo Poder Executivo em nosso País. Ela integra o *Latin American Microform Project* – LAMP –, no *Center for Research Libraries* – CRL.[25] Ela proporciona o acesso aos documentos relativos às *Mensagens dos Presidentes de Província (1830-1930)*, sendo possível predefinir algumas informações quantitativas por assunto; às *Mensagens Executivas (1889-1993)*, por ano e, existindo, pelo índice da própria mensagem; aos *Relatórios Ministeriais (1821-1960)*, um resumo de atividades de cada ministério federal; ao *Almanak Administrativo, Mercantil e Industrial do Rio de Janeiro (1884-1889)*. Este último relacionava os oficiais da Corte e dos ministérios, incluía seções sobre os oficiais provinciais do Rio de Janeiro e um suplemento com informações sobre a legislação, dados do censo e propaganda comercial.

Outro exemplar de banco de dados digitalizados, passível de ser acessado via internet, constitui parte significativa do corpo documental de organismos governamentais. No âmbito federal, o mais completo e que avança maior tempo no passado, em dados relativos à legislação do País – textos completos, incluindo sucessivos adendos e/ou alterações, de Leis Ordinárias (LEI), Leis Complementares (LCP), Medidas Provisórias (MPV), Decretos-Leis (DEL), Decretos (DEC) e Resoluções (RSF), bem como das sucessivas constituições do País e suas respectivas emendas (EMC), para o período republicano –, pode ser encontrado no site do Senado brasileiro.[26] No âmbito estadual, por sua vez, o acesso à distância de informações digitalizadas sobre a legislação e atos administrativos não se apresenta, de modo geral, tão facilitado. Varia de Estado para Estado e é de passado recente, posterior, em sua maioria, ao ano 2000. A expectativa é que, progressivamente, essa iniciativa avance na recuperação de registros do passado mais remoto.

---

[25] Ver www.crl.edu. (acessado em 24/04/2006).

[26] Ver www.senado.gov.br. (acessado em 25/04/2006).

Um outro exemplo de acesso à distância de fontes originais digitalizadas é a divulgação de bancos de dados de instituições e/ou centros de pesquisa e/ou de propriedade de um pesquisador que podem apresentar-se disponíveis via CD-ROM. Embora os que existam não sejam, ainda, nem suficientemente divulgados e nem mesmo centralizados, o que dificulta inclusive construir um quadro dos temas tratados, a realização de levantamentos bibliográficos – a primeira etapa de uma pesquisa metodologicamente bem organizada – fornece alguns indícios de sua existência. Alguns exemplos, como é o caso de dois recenseamentos gerais da população brasileira, os de 1872 e 1890, serão aqui apresentados em outro momento.

Ressalta-se, desde logo, porém, que o acesso às informações contidas em um banco de dados, especialmente nos casos de posse individual, depende da vontade pessoal de quem o criou. Sendo legítima propriedade de cada pesquisador e trazendo, às vezes, resultados de vários anos de trabalho, são, habitualmente, acessíveis, parcial e/ou totalmente, em razão de conhecimentos pessoais e interesses comuns. Em alguns casos, apresentam-se, apenas, como anexos de textos originais de teses de doutorado e de dissertações de mestrado (logo passíveis de serem digitalizados), pois, face ao volume de dados que contêm são, por exigência do mercado editorial, suprimidos normalmente quando de sua publicação.

Observa-se, porém, que determinados temas, pouco explorados em função do volume de dados exigidos, estão sendo, graças ao auxílio do computador, progressivamente cada vez mais trabalhados. Esse é o caso, por exemplo, dos estudos relativos à dinâmica da população brasileira. Dos estudos fundamentados em listas nominativas de habitantes aos sustentados em censos específicos e/ou recenseamentos gerais, observa-se uma progressão de abordagens, métodos e técnicas de pesquisa histórica auxiliados pelo uso da informação digital. Senão, vejamos: do estudo demográfico pioneiro de Maria Luiza Marcílio, que adotara o método tradicional de preenchimento de fichas manuais, ao de Eni Samara, informatizado pelo uso da linguagem *Special Rackage for the Social Sciences* (SPSS), poucas décadas se passaram.[27] E traduzem, efetivamente, um exemplo de introdução de métodos e técnicas de pesquisa informatizada, adotados pela historiografia norte-americana, entre os historiadores brasileiros.

Se temáticas associadas ao estudo da família haviam sido desenvolvidas pela historiografia francesa e inglesa, as técnicas computadorizadas introduzidas por historiadores norte-americanos permitiram – graças à massificação dos arquivos consultados – o acesso às informações mais substantivas de famílias tidas como disfuncionais, isto é, sobre a constituição da família negra e/ou escrava, por exemplo. Dependendo de amostragem de números impressionantes de variáveis, entre estes os relativos aos de inventários e testamentos associados aos provenientes de listas nominativas e/ou dos recenseamentos gerais da população brasileira, tais estudos trouxeram à tona a questão da fidedignidade dos números.

As primeiras aproximações dos resultados do I Recenseamento Geral da População, de 1872, momento imediatamente seguinte à promulgação da Lei do Ventre Livre, exigiram de alguns pesquisadores que se dedicavam, prioritariamente, à demografia a retomada de estudos, até então não históricos, sobre os números do censo referido.[28] Da demografia à História, a primeira iniciativa coordenada por uma equipe do CEDEPLAR/FACE/UFMG pode ser associada, no tempo, aos esforços desenvolvidos por outra equipe do *Population Research Center* (PRC), um projeto da Universidade do Texas,

---

[27] Ver MARCÍLIO,1973. Op. cit.; SAMARA, 1989. Op. cit.

[28] Ver PUNTONI, s/d. Op. cit., p. 2. Esse estudo é o resultado de uma pesquisa realizada entre 2000 e 2004 e encontra-se disponível em CD-ROM. Sugere-se aos interessados em adquiri-lo contatar o site www.cebrap.org.br (acessado em 23/04/2006).

que tem por objetivo fornecer uma infraestrutura de apoio – como a digitalização dos dados originais do censo de 1872 – às pesquisas demográficas[29].

Se a primeira equipe realizou, parcialmente, a checagem dos cálculos dando origem a inúmeros estudos da historiografia mineira sobre o período posterior ao declínio da atividade mineradora, os recursos, por sua vez, do PCR permitiram a Samara levantar, em uma pesquisa de âmbito internacional, os números e as ideias de gênero para Argentina, Brasil e Chile, ao final do século XIX.[30] Destes estudos resultantes de um trabalho prévio de digitalização do censo de 1872 e de vários outros que os seguiriam, é possível destacar-se duas outras iniciativas: a primeira, resultado de trabalho de equipe, voltado prioritariamente para São Paulo no contexto brasileiro, realiza um esforço crítico de transcrição digitalizada de números e porcentagens dos totais dos censos e/ou listas nominativas no período de 1836 a 1890.[31] Esse empenho de digitalização de dados quantitativos seria seguido, nessa mesma instituição, pelo trabalho de coleta, organização e sistematização de dados sobre a população estrangeira no Estado.[32]

---

[29] Para mais informações sobre estas iniciativas, acessar, para o primeiro caso, www.cedeplar.ufmg.br e, para o segundo, www.cedhal.usp.br.

[30] Os resultados dessa pesquisa encontram-se publicados em SAMARA, Eni de Mesquita (org.). *As idéias e os números de gênero. Argentina, Brasil e Chile no século XIX*. São Paulo: Hucitec/CEDHAL/USP/VITAE, 1997. Nessa mesma publicação, ver, nas páginas 23-61, os resultados de estudos fundamentados no censo brasileiro de 1872, em SAMARA, Eni de Mesquita. "Mão-de-obra feminina, oportunidades e mercado de trabalho no Brasil do século XIX". Os dados digitalizados para esse censo podem ser encontrados no acervo do Centro de Estudos de Demografia Histórica da América Latina (CEDHAL), da Universidade de São Paulo. Ver cedhal@org.usp.br.

[31] Ver BASSANEZI, Maria Silvia C. Beozzo (org.) São Paulo do Passado. Dados demográficos. 1836, 1854, 1872, 1886, 1890 e 1920. Campinas: NEPO/UNICAMP, 2001. Para maiores informações acessar www.nepo/unicamp.br.

[32] Ver BASSANEZI, Maria Silvia C. Beozzo; FRANCISCO, Priscila M. S. Bergamo. *Estrangeiros no Estado de São Paulo. Dados censitários. 1854-1950*. Campinas: NEPO/UNICAMP; Treviso/Itália: Fondazione Cassarmarca, 2002. Para mais informações acessar www.nepo/unicamp.br.

A segunda, por sua vez, é produto de esforço individual, extrapola as abordagens quantitativas adotadas no caso anterior e, ao mesmo tempo em que reconstitui dados para o período anterior ao primeiro censo geral da população, incluindo informações relativas a todas as províncias, associa os números da população com os esforços governamentais da construção da cidadania e nação brasileira no século XIX.[33] Avançando pelo século XX, sob o enfoque de gênero, esse é também o caso de outra pesquisa sobre os censos demográficos brasileiros, realizados em 1872, 1920, 1940 e 1970, na qual se destacam dados relativos à educação e ao trabalho feminino, contrapondo resultados nacionais aos do Estado de São Paulo.[34] Outro exemplo do esforço de estudo de censos da população brasileira, tratando especificamente de retirantes cearenses em momento de significativa transição política, encontra-se publicado, demandando, porém, pesquisas mais aprofundadas sobre o tema.[35]

Todo esse empenho de transcrição e digitalização de dados relativos às listas nominativas de habitantes, censos demográficos e outras listagens por categorias sociais foi acompanhado, na maioria dos casos, de análises qualitativas dos resultados obtidos. Análises que, não obstante, não esgotam o potencial dos bancos de dados sustentados pelas informações das fontes citadas. Quer sejam utilizados para o trabalho com outros enfoques e/ou recortes temáticos, quer sejam usados para a análise crítica dos trabalhos que as deram origem, os bancos de dados permanecem em arquivos de instituições e/ou particulares com pouca ou nenhuma acessibilidade a

---

[33] Ver BOTELHO,1998. Op. cit.

[34] Ver TUPY, 2004. Op.cit.

[35] Ver NOZOE, Nelson; BASSANEZI, Maria Silvia C. B.; SAMARA, Eni de Mesquita (Orgs.). *Os refugiados da seca: emigrantes cearenses, 1888-1889*. São Paulo; Campinas: NEHD, NEPO, 2003. (o exemplar é acompanhado de CD-ROM contendo os dados estatísticos).

outros pesquisadores. E este, evidentemente, não é apenas o caso dos exemplos citados. Inúmeros bancos de dados – quantitativos e qualitativos –, resultados de pesquisas com outros e variados tipos de documentação, também estão à espera de um esforço coordenado de sistematização e divulgação.

Dessas constatações gerais de dificuldades de divulgação de resultados do trabalho com um banco de dados, é preciso atentar, agora, para um outro nível de problema: os critérios de definição da tipologia de classificação de registros. Esse é o caso do expressivo volume de informações obtidas no trabalho com séries de inventários *post-mortem* que melhor podem ser avaliadas com o emprego da informática. Essas séries tratam, *grosso modo,* do universo material do inventariado e de seus dados pessoais: nome completo, estado civil, profissão, nome do cônjuge e outros referenciais de seus herdeiros; bem como trazem informações sobre bens de raiz – móveis e imóveis; dívidas ativas e passivas; dote; indumentária geral e pessoal –, artigos pessoais – joias, livros, e outros –, utensílios – pessoais, domésticos e profissionais; e outros, que podem variar de acordo com o modo de vida do inventariado. Logo, o tratamento de variáveis tão díspares demanda a adoção de uma tipologia de classificação que reorganize as informações em categorias determinadas segundo a sua função e/ou natureza.

Tendo por objetivo *facilitar* o trabalho empírico com esse tipo de pesquisa, *auxiliar* a elaboração de teorias que justifiquem a especificidade ou não dos dados encontrados e *viabilizar* análises comparativas entre os diversos conjuntos de inventários pesquisados, Martinez sugere pensar o estudo dessa documentação a partir de algumas categorias de análise.[36] Estas seriam: *organização doméstica* (funcionamento do

---

[36] Essas sugestões podem ser encontradas em MARTINEZ, Cláudia Eliane P. Marques. Possibilidades de pesquisa e problemas metodológicos de um banco de dados sobre inventários post-mortem. In: XIV Encontro Regional de História – Caminhos da História. Juiz de Fora: ANPUH/MG, 2004. (grifos da autora).

grupo familiar no plano da realidade material e simbólica); *posição social e econômica* (níveis de fortuna segundo posse de cativos, valor do *monte-mór*, e outros indicativos de estratificação e hierarquização); *sistema de trabalho* (escravidão, transição ao trabalho livre, camaradagem, assalariamento...); *espaço geográfico e diversidade regional* (delimitação de fronteiras, recursos naturais, tipos de economia, produtos locais...); *habitat* (lugar de moradia e/ou de trabalho, rural e/ou urbano, público e/ou privado, economia doméstica e/ou manufatureira...); *processo artesanal e técnico-industrial* (dos implementos mais simples aos sofisticados, do manual ao automático...); *hábitos e costumes* (dote, instrumentos musicais, livros...); *relações de gênero* (bens masculinos e femininos, mulheres como chefes de família, normas vigentes...); *alimentação* (introdução de hábitos alimentares, oscilação de preços de alimentos e iguarias, tecnologia...); *outros* (todos os dados que não possam ser incluídos nas categorias acima).[37]

Como parecem claros, os objetivos da autora, ao elaborar uma proposta de definição prévia de categorias de análise no trabalho com registros provenientes de inventários *post--mortem,* refletem uma das dificuldades atuais encontradas entre historiadores que se dedicam ao estudo desse tipo de documentação. A necessidade de critérios comuns surge de problemas encontrados para extrapolar os resultados obtidos para uma determina comunidade e/ou região com os de outras localidades, em temporalidades diferenciadas ou não. Dado o volume de trabalho e de tempo despendido em cada caso analisado, torna-se, portanto, imperativo que, na realização

---

[37] Martinez lembra ainda que a ausência de informação, ou seja, o que não foi dito ou considerado digno de registro pelo escrivão, pode indicar a escassez do tipo de objeto e/ou bem em uma sociedade específica. E também sinalizar que, ao possuir um valor ilusório, determinados objetos e/ou bens não eram arrolados em um inventário. Logo o pesquisador tem a tarefa de cotejar os resultados encontrados em cada documento com outras fontes e com a bibliografia existente sobre o assunto e o espaço geográfico selecionados. Idem, p. 8.

de estudos de séries temáticas, os critérios de pesquisa sejam comuns. Disso depende a possibilidade de realização de estudos comparativos.

O impacto da informática em pesquisas históricas traduziu-se, portanto, na introdução de novos métodos e técnicas de trabalho que demandam o constante aprendizado do historiador. Mas não apenas isso. O acesso imediato à informação e a uma linguagem nova, de caráter universal, ao tornar claro o caráter relacional do estudo e ensino da História, trouxe significativos questionamentos na definição do próprio tempo histórico. A História torna-se, também, a ciência do hoje, da compreensão do presente. Na perspectiva da interdisciplinaridade, enquanto ferramenta fundamental de pesquisa, o documento que fundamenta a crítica histórica aparece, assim, assumindo a forma de uma diversidade de registros – escritos e não escritos – que exigem novas perspectivas de análise. Nesse contexto de permanente mudança, novas tecnologias, diversos métodos de pesquisa, temas e abordagens originais são alguns dos fundamentos que reafirmam o dinamismo da própria História.

Palavras finais

O estudo do documento, sua(s) definição(ões), técnicas de utilização, modos de interpretação, tipologia, entre outros fatores, oferecem ao historiador experiente uma oportunidade única de reflexão sobre sua própria disciplina. E, ao mesmo tempo, desvendam, aos que se iniciam nos estudos históricos, um caminho seguro, trilhado por sucessivas gerações de estudiosos, dando conta do aprendizado de um conjunto de operações técnicas, instrumentos e procedimentos necessários ao trabalho em História.

Sugerem, também, uma série de questionamentos essenciais ao trabalho a ser realizado. Entre alguns deles, destacam-se: O que é o documento histórico? Em que contexto ele está inserido? Qual o conteúdo que disponibiliza? Quem o elaborou? Em que época? Qual a sua forma? Qual a sua mensagem original? Qual o seu objetivo? Qual a sua veracidade? Qual a sua tipologia? Como classificá-lo? Como operacionalizar o trabalho? Qual o instrumental mais apropriado? Que tipo de análise permite? Que perguntas sugere? Que respostas encaminha? Ou seja, expõem a relação, nem sempre harmoniosa, entre o historiador e sua ferramenta de trabalho.

Todas essas questões, porém, não surgem no vazio do conhecimento. O trabalho histórico obedece, reconhecidamente, à lógica da acumulação, isto é, depende de um mínimo de estudos específicos anteriores. Impõe, pelo menos, a leitura prévia daqueles que realizam análises mais gerais sobre a economia, a política, a cultura, entre outros grandes temas de uma determinada sociedade, e dos que abordam teorias, métodos e instrumentos de pesquisa. Sem essa prática, é impossível realizar uma precisa contextualização dos problemas sugeridos pelo documento. Ou, pelo menos, definir diretrizes para, em seguida, localizar a documentação, identificar instrumentos de pesquisa, e, finalmente, promover a análise crítica das fontes utilizadas.

Logo, o ponto de partida do trabalho histórico impõe a realização de um levantamento bibliográfico sobre qualquer tema que atraia o interesse do pesquisador. Como o comprova a bibliografia utilizada na elaboração desta reflexão sobre o documento histórico, deve-se conhecer a produção que trata, direta ou indiretamente, o tema de interesse, de maneira a identificar os diferentes enfoques adotados, as diversas conclusões aferidas, as possíveis lacunas de conhecimento e/ou as incongruências encontradas nos estudos anteriores. E, para tanto, como demonstrado aqui, torna-se imperioso recorrer à historiografia.

No caso específico desta pesquisa, o levantamento historiográfico permitiu resgatar, desde os primeiros historiadores, as mudanças ocorridas no "olhar" do historiador em relação ao documento histórico. Os questionamentos levantados por Marc Bloch sobre a serventia da História e os procedimentos por ele identificados como parte do ofício do historiador – a relação do historiador com os problemas de seu tempo, os temas de interesse, o método crítico e a análise propriamente dita – forneceram as premissas iniciais deste trabalho.

Assim, abordando a História do documento ou o documento na História procurou-se tornar clara a relação do historiador com os problemas de seu tempo. Para tanto, estabeleceram-se cronologicamente, embora de forma rápida, alguns momentos-chave para apreender sucessivas perspectivas da escrita da História e a sua associação com o documento. E enfatizaram-se, também, as peculiaridades dessa trajetória em nosso País. Logo, dos cronistas aos historiadores nacionais pioneiros, ressaltou-se nos segundos, a preocupação com a identificação, a coleta e a preservação de registros escritos, entendidos, então, como as fontes por excelência para a realização da pesquisa histórica.

Destes para os que, na primeira metade do século passado, realizaram as análises mais gerais sobre a História do Brasil, foram destacados seus respectivos comprometimentos com as bases científicas da pesquisa e, dentro dela, o trabalho com o(s) documento(s). Procurou-se enfatizar assim a utilização de uma documentação até então ignorada na historiografia brasileira e as primeiras aproximações dos estudos históricos com outras áreas do conhecimento. E, em decorrência da implantação dos cursos específicos de História, nas faculdades de Filosofia, destacar a publicação e a divulgação das primeiras obras de referência sobre a prática da pesquisa documental no País.

Constatou-se, também, que a retomada de temas essenciais sob novas perspectivas e/ou o estudo de outros até então inexplorados decorreram, nas últimas décadas do século passado e entre outros motivos, do esgotamento de modelos de interpretação econômica que haviam sustentado inúmeros estudos quantitativos. Daí a necessidade, até então presente, de recorrer a métodos e técnicas de outras disciplinas para responder a novos paradigmas de interpretação histórica.

A perspectiva multidisciplinar foi exigida face ao teor e à diversidade das fontes que passaram a ser utilizadas como instrumentos de pesquisa. A ampliação do conceito de documento histórico sustentou a definição da "Nova História" – um domínio entendido, sob a perspectiva de Marc Bloch, como a ciência das transformações – que se caracteriza pela diversidade de objetos de investigação e alteridade cultural entre sociedades e dentro de cada uma delas.

Os estudos sobre os excluídos da História e sobre a(s) família(s) brasileiras constituíram duas perspectivas marcantes no período em questão. Dos segundos, todo um amplo espectro de registros, tipificados no capítulo III, permitiu a formação de séries documentais e encaminhou questões sobre a constituição da população brasileira e seus segmentos específicos – escravos, imigrantes, mulheres, crianças constituem alguns exemplos significativos.

A amplitude desses novos temas, por sua vez, demandou uma aproximação diferenciada dos registros históricos. Nesse sentido, é que se retoma o estudo do objeto desta pesquisa: a busca de conceito, caracterização, formas assumidas, objetivos, pertinência, veracidade, entre outras especificidades assumidas pelo documento histórico. Em seguida, procurou-se definir alguns dos passos essenciais à realização da pesquisa, identificando os possíveis locais onde os mesmos podem ser encontrados. E, finalmente, exemplificar, de maneira aleatória, os grandes conjuntos documentais utilizados, associando-os às inúmeras possibilidades de trabalho que descortinam.

A retomada da leitura crítica do documento, por sua vez, enfatizou os parâmetros comparativos da análise histórica e procurou descortinar algumas das formas mais adequadas de sistematização das informações obtidas, bem como levantar alguns dos problemas encontrados na elaboração de um banco de dados. Ao extrapolar os limites da escrita, retoma o entendimento atual e abrangente do documento e incorpora uma dupla dimensão à crítica histórica – as formas que assume e a sua dimensão abstrata.

O reforço à interdisciplinaridade, que inventa, reinventa ou recicla as fontes documentais, constitui o nexo da atual crítica histórica. Os temas, por sua vez e como afirmado anteriormente, se dividem, subdividem ou se circunscrevem às instâncias cada vez menores do conhecimento especializado. O historiador começa a sentir falta das grandes sínteses históricas, pois, apesar da quantidade e qualidade da produção especializada, pouca coisa mudou no acatamento de modelos interpretativos da História Nacional.

Convive-se, em nosso País, com mais uma nova "crise" de conhecimentos, provocada pelo confronto entre conceitos e matrizes intelectuais e a falta de difusão dos resultados acumulados de pesquisas realizadas nas últimas décadas. Uma perspectiva deveras assustadora da qual não fora a História o seu centro de referência. Pois agora, como no passado, do historiador, exige-se uma permanente reflexão sobre o seu objeto de estudo. E esta se manifesta em sucessivas retomadas de sua ferramenta fundamental de trabalho – o estudo do documento.

Referências

Fontes primárias impressas

GANDAVO, Pero de Magalhães. *Tratado da Terra do Brasil; História da Província de Santa Cruz*. Belo Horizonte: Itatiaia; São Paulo: EDUSP, 1980.

LARA, Silvia H. (Org.). *Ordenações Filipinas Livro 5*. São Paulo: Cia das Letras, 1999.

MINISTÉRIO DA AGRICULTURA, INDÚSTRIA E COMMÉRCIO. Diretoria Geral da Estatística. Recenseamento do Brazil. Realizado em 1º de Setembro de 1920. v. I – *Introdução*. Rio de Janeiro: Typ. da Estatística, 1922.

SALVADOR. Frei Vicente de. *História do Brasil, 1500-1627*. Belo Horizonte: Itatiaia; São Paulo: EDUSP, 1982.

SECRETARIA DE EDUCAÇÃO FUNDAMENTAL. *PCN – Parâmetros Curriculares Nacionais. História e Geografia*. v. 5. 2. ed. Rio de Janeiro: DP&A, 2000.

Textos de referência

ALANIZ, Anna Gicelli G. *Ingênuos e libertos: estratégias de sobrevivência familiar em épocas de transição. 1871-1895*. Campinas: Centro de Memória/UNICAMP, 1992.

ALANIZ, Anna Gicelli G. *Documentos interessantes*. Americana: FAM, 2006. (texto mimeo).

ALMEIDA, Ângela (Org.) *Pensando a família no Brasil, da colônia à modernidade*. Rio de Janeiro: Espaço e Tempo, 1987.

ANDREAZZA, Maria Luiza; NADALIN, Sérgio Odilon. *Imigrantes no Brasil: colonos e povoadores*. Curitiba: Nova Didática, 2000.

ARAÚJO, Maria Lucília Viveiros. Contribuição metodológica para a pesquisa historiográfica com os testamentos. In: *Revista Histórica*. n. 6. São Paulo: Arquivo do Estado/SP, 2005.

BACELLAR, Carlos. Uso e mau uso dos arquivos. In: PINSKY, Carla B. (Org.). *Fontes históricas*. São Paulo: Contexto, 2005, p. 23-79.

BASSANEZI, Maria Silvia C. Beozzo (Org.). *São Paulo do passado. Dados demográficos. 1836, 1854, 1872, 1886, 1890 e 1920*. CD-ROM. Campinas: NEPO/UNICAMP, 2001.

BÉDARIDA, François. As responsabilidades do historiador *expert*". In: BOUTIER, Jean; JULIA, Dominique (Orgs.). *Passados recompostos. campos e canteiros da história*. Rio de Janeiro: UFRJ/ FGV, 1998, p. 145-153.

BELO, André. *História & Livro e leitura*. Col. História &... Reflexões. Belo Horizonte: Autêntica, 2002.

BIVAR, Vanessa dos Santos Bodstein. *O ato de testar: formas e significações*. São Paulo: FFLCH/USP, 2006. (mimeo).

BLOCH, Marc. *Introdução à História*. Lisboa: Publicações Europa-América, 1965.

BLOCH, Marc. *Apologia da História ou o ofício de historiador*. Rio de Janeiro: Jorge Zahar Editores, 2001.

BORGES, Maria Eliza L. *História & Fotografia*. 2. ed. Col. História &... Reflexões. Belo Horizonte: Autêntica, 2005.

BOSI, Ecléa. Prefácio. In: DIAS, Maria Odila Leite da Silva. *Quotidiano e poder em São Paulo no século XIX*. 2. ed. São Paulo: Brasiliense, 1995.

BOTELHO, Tarcisio. *População e nação no Brasil do século XIX*. Tese de doutorado. São Paulo: FFLCH/USP, 1998.

BOUTIER, Jean; JULIA, Dominique (Orgs.). *Passados Recompostos. Campos e canteiros da História*. Rio de Janeiro: UFRJ/FGV, 1998.

BOUTIER, Jean; JULIA, Dominique. Em que pensam os historiadores. In: BOUTIER, Jean; JULIA, Dominique (Orgs.). *Passados recompostos. Campos e canteiros da História*. Rio de Janeiro: UFRJ/ FGV, 1998, p. 21-61.

BOUTRY, Phillip. Certezas e descaminhos da razão histórica". In: BOUTIER, Jean; JULIA, Dominique (Orgs.). *Passados recompostos. Campos e canteiros da História*. Rio de Janeiro: UFRJ/FGV, 1998, p. 65-77.

BRESCIANI, Maria Stella M. O charme da ciência e a sedução da objetividade: Oliveira Vianna, cientista social. In: SILVA, Sérgio S.; SZMRECSÁNYI, Tamás (Orgs.). *História econômica da Primeira República*. São Paulo: Hucitec/Associação Brasileira de Pesquisadores em História Econômica/EDUSP/Imprensa Oficial, 2002, p. 103-29.

BURKE, Peter (Org.). *A escrita da história: novas perspectivas*. 3. ed. São Paulo: UNESP, 1992.

BURKE, Peter. *A Revolução Francesa da historiografia: a Escola dos Annales, 1929-1989*. São Paulo: UNESP, 1991.

BURKE, Peter. *História e teoria social*. São Paulo: UNESP, 2002.

CÂMARA, Leandro. *Listas nominativas de habitantes da capitania/ província de São Paulo*. São Paulo: FFLCH/USP, 2006. (mimeo).

CÂMARA, Leandro. *Atas da Câmara Municipal de São Paulo*. São Paulo: FFLCH/USP, 2006. (mimeo).

CAMPOS, Pedro Moacyr. Contracapa. In: HOLANDA, Sérgio Buarque de; CAMPOS, Pedro Moacyr (Dir.). *História geral da civilização brasileira*. Tomo I. A Época Colonial. v. 1. Do descobrimento à expansão territorial. 4. ed. São Paulo: DIFEL, 1972.

CANCELA, Cristina Donza. *Inventários e arrolamentos*. Belém: UFPA, 2006. (mimeo).

CANDIDO, Antonio (Org.). *Sérgio Buarque de Holanda e o Brasil*. São Paulo: Editora Fundação Perseu Abramo, 1998.

CARDOSO, Ciro; BRIGNOLI, Héctor. *Os métodos da História. Introdução aos problemas, métodos e técnicas da História demográfica, econômica e social*. Rio de Janeiro: Graal, 1979.

CARDOSO, Ciro Flamarion. História e paradigmas rivais. In CARDOSO, Ciro Flamarion; VAINFAS, Ronaldo (Orgs.). *Domínios da História*. Rio de Janeiro: Campus, 1997, p. 1-26.

CARDOSO, Ciro; VAINFAS, Ronaldo. História e análise de textos. In: CARDOSO, Ciro F.; VAINFAS, Ronaldo (Orgs.). *Domínios da*

História. Ensaios de teoria e metodologia. Rio de Janeiro: Campus, 1997, p. 375-399.

CARDOSO, Ciro; VAINFAS Ronaldo (Orgs.). *Domínios da História. Ensaios de teoria e metodologia*. Rio de Janeiro: Campus, 1997.

CARR, E. H. *Que é História?* 2. ed. Rio de Janeiro: Paz e Terra, 1978.

CASTRO, Hebe. História Social. In: CARDOSO, Ciro; VAINFAS Ronaldo (Orgs.). *Domínios da História. Ensaios de teoria e metodologia*. Rio de Janeiro: Campus, 1997, p.45-59.

CERTEAU, Michel de. *A escrita da História*. 2. ed. Rio de Janeiro: Forense Universitária, 2006.

CHALHOUB, Sidney. *Visões da liberdade: uma história das últimas décadas da escravidão na Corte*. São Paulo: Cia das Letras, 1990.

CHAUVEAU, A.; TÉTARD, Ph. (Orgs.). *Questões para a História do presente*. Bauru: EDUSC, 1999.

COSTA, Emília Viotti da. *Da senzala à colônia*. 4. ed. São Paulo: UNESP, 1998.

COSTA, Iraci del Nero da. A vida quotidiana em julgamento: devassas em Minas Gerais. In: LUNA, Francisco Vidal; COSTA, Iraci del Nero da. *Minas Colonial: economia & sociedade*. São Paulo: FIPE/Pioneira, 1982.

COSTA, Jurandir Freire. *Ordem médica e norma familiar*. 4. ed. Rio de Janeiro: Graal, 1999.

DAUMARD, Adeline. *Cinco aulas de História Social*. Salvador: Centro Editorial e Didático/UFBA, 1978.

DAUMARD, Adeline *et al. História Social do Brasil: teoria e metodologia*. Curitiba: UFPR, 1984.

DIAS, Madalena Marques. *A formação das elites em uma vila colonial paulista: Mogi das Cruzes (1608-1646)*. Dissertação de mestrado. São Paulo: FFLCH/USP, 2001.

DIAS, Madalena Marques. *Pesquisando a História paulista nos dois primeiros séculos: o viver em sociedade e os poderes constituídos*. São Paulo: UNISANTANNA, 2006. (mimeo).

DIAS, Madalena Marques; BIVAR, Vanessa dos Santos Bodstein. Paleografia para o período colonial. Estudos CEDHAL – Nova

História & Documento e metodologia de pesquisa

Série, n. 11. São Paulo: FFLCH/USP, 2005, p.11-38. In: SAMARA, Eni de Mesquita (Org.). *Paleografia e fontes do período colonial brasileiro*. Estudos CEDHAL – Nova Série, n. 11. São Paulo: FFL-CH/USP, 2005.

DIAS, Maria Odila L. da Silva. Política e sociedade na obra de Sérgio Buarque de Holanda. In: CANDIDO, Antonio (Org.). *Sérgio Buarque de Holanda e o Brasil*. São Paulo: Editora Fundação Perseu Abramo, 1998.

DOSSE, François. *A História em migalhas, dos Annales à Nova História*. São Paulo: Ensaio, 1994.

DOSSE, François. *A História*. Bauru: EDUSC, 2003.

DUARTE, Regina H. *História & Natureza*. Col. História &... Reflexões. Belo Horizonte: Autêntica, 2005.

FALCON, Francisco. *História Cultural. Uma nova visão sobre a sociedade e a cultura*. Rio de Janeiro: Campus, 2002.

FAUSTO, Boris. *Historiografia da imigração para São Paulo*. São Paulo: IDESP, Editora Sumaré, 1991.

FAY, Brian; POMPER, Philip; VANN, Richard (Eds.). *History and Theory. Contemporary Readings*. Oxford: Blackwell, 1998.

FICO, Carlos; POLITO, Ronald. *A História no Brasil (1980-1989)*. Ouro Preto: UFOP, 1992.

FIGUEIREDO, Luciano R. História e informática: O uso do computador. In: CARDOSO, Ciro; VAINFAS Ronaldo (Orgs.). *Domínios da História. Ensaios de teoria e metodologia*. Rio de Janeiro: Campus, 1997, p. 419-39.

FONSECA, Thais Nivia de Lima e. *História & Ensino de História*. 2. ed. Col. História &... Reflexões. Belo Horizonte: Autêntica, 2004.

FRAGOSO, João; FLORENTINO, Manolo. História Econômica. In: CARDOSO, Ciro; VAINFAS Ronaldo (Orgs.). *Domínios da História. Ensaios de teoria e metodologia*. Rio de Janeiro: Campus, 1997, p. 27-43.

FRANCO, Maria Sylvia de Carvalho. *Homens livres na ordem escravocrata*. 3. ed. São Paulo: Kairós, 1983.

FRANÇOIS, Étienne. Os "Tesouros" da Stasi ou a Miragem dos Arquivos. In: BOUTIER, Jean; JULIA, Dominique (Orgs.). *Passados recompostos. campos e canteiros da História*. Rio de Janeiro: UFRJ/ FGV, 1998, p. 155-161.

FREITAS, Marcos Cezar de (Org.) *Historiografia brasileira em perspectiva*. São Paulo: Contexto, 1998.

FREYRE, Gilberto. *Vida social no Brasil nos meados do século XIX: o livro embrião de Casa Grande & Senzala*. 3. Ed. Recife: Fundação Joaquim Nabuco-Editora Massangana, 1985.

FREYRE, Gilberto. *Casa Grande & Senzala: Introdução à sociedade patriarcal no Brasil*. 42ª. ed. Rio de Janeiro: Record, 2001.

GAULIN, Jean-Louis. A ascese do texto ou o retorno às fontes. In: BOUTIER, Jean; JULIA, Dominique (Orgs.). *Passados recompostos. Campos e canteiros da História*. Rio de Janeiro: UFRJ/FGV, 1998, p. 173-182.

GIUCCI, Guilhermo. Gilberto Freyre e o (pós) modernismo. In: KOMINSKY, Ethel Volfzon; LEPIONE, Claude; PEIXOTO, Fernanda Áreas (Orgs.). *Gilberto Freyre em quatro tempos*. Bauru: EDUSC, 2003, p. 361-376.

GLEZER, Raquel. História da historiografia brasileira, construção e permanências. In: SAMARA, Eni de Mesquita (Org.) *Historiografia brasileira em debate: Olhares, recortes e tendências*. São Paulo: Humanitas/FFLCH/USP, 2002, p. 25-46.

GONÇALVES, Andréa Lisly. *História e gênero*. Belo Horizonte: Autêntica, 2006.

GORENDER, Jacob. *O escravismo colonial*. 6. ed. São Paulo: Ática, 1992.

GUYOTJEANNIN, Olivier. A erudição transfigurada. In: BOUTIER, Jean; JULIA, Dominique (Orgs.). *Passados recompostos. Campos e canteiros da História*. Rio de Janeiro: UFRJ/FGV, 1998, p. 163-72.

HAREVEN, Tamara. The History of the family as an interdisciplinary field. In: RABB, Theodore; ROTBERG, Robert (Orgs.). *The Family in History*. New York: Harper & Row, 1973, p. 211-216.

HOLANDA, Sérgio Buarque de. *Raízes do Brasil. 26. ed. São Paulo*: Companhia das Letras, 2005.

HOLANDA, Sérgio Buarque de; CAMPOS, Pedro Moacyr (Dir.). *História geral da civilização brasileira*. Tomo I. A época colonial. v. 1 Do descobrimento à expansão territorial. 4. ed. São Paulo; DIFEL, 1972.

IGLÉSIAS, Francisco. *Historiadores do Brasil: capítulos da historiografia brasileira*. Rio de Janeiro: Nova Fronteira; Belo Horizonte: UFMG/IPEA, 2000.

JANOTTI, Maria de Lourdes. O Livro *Fontes Históricas* como Fonte. In: PINSKY, Carla B. (Org.). *Fontes históricas*. São Paulo: Contexto, 2005.

JENKINS, Keith. *A história repensada*. São Paulo: Contexto, 2005.

KOMINSKY, Ethel Volfzon; LEPIONE, Claude; PEIXOTO, Fernanda Áreas (Orgs.). *Gilberto Freyre em quatro tempos*. Bauru: EDUSC, 2003.

KUZNESOF, Elizabeth. A Família na sociedade brasileira: parentesco, clientelismo e estrutura social (São Paulo, 1700-1980). In: SAMARA, Eni de Mesquita. *Família e grupos de convívio*. São Paulo: ANPUH/Marco Zero, v. 9, n. 17, set. 88/fev. 89, p. 37-64.

LANGLOIS, Charles V.; SEIGNOBOS, Charles. *Introdução aos estudos históricos*. São Paulo: Renascença, 1944.

LAPA, José Roberto do Amaral. *História e historiografia: Brasil pós-64*. Rio de Janeiro: Paz e Terra, 1985.

LE GOFF, Jacques; NORA, Pierre (Orgs.). *História: novos problemas; novas abordagens; novos objetos*. 3 v. Rio de Janeiro: Francisco Alves, 1976.

LEVI, Darrel. *A família Prado*. São Paulo: Cultura, 1977.

LOURO, Guacira L. *Gênero, sexualidade e educação. Uma perspectiva pós-estruturalista*. 4. ed. Petrópolis: Vozes, 2002.

MALUF, Marina. *Ruídos da memória*. São Paulo: Siciliano, 1995.

MARCÍLIO, Maria Luiza. *A cidade de São Paulo. Povoamento e população (1750-1910)*. São Paulo: Pioneira/EDUSP, 1973.

MARTINEZ, Cláudia Eliane P. Marques. Possibilidades de pesquisa e problemas metodológicos de um banco de dados sobre inventários *post-mortem*. In: *XIV Encontro Regional de História – Caminhos da História*. Juiz de Fora: ANPUH/MG, 2004.

MARTINEZ, Cláudia Eliane P. Marques. Bibliografia selecionada e segmentada por temas: cultura material. In: *Encontro Nacional de História*. Londrina: ANPUH/PR, 2005. (mimeo).

MARTINEZ, Cláudia Eliane P. Marques. *A cultura material na historiografia: novas questões*. São Paulo; FFLCH/USP, 2006. (mimeo).

MARTINEZ, Paulo Henrique. *A dinâmica de um pensamento crítico: Caio Prado Júnior (1928-1935)*. Tese de doutorado. São Paulo: FFLCH/USP, 1999.

MATOS, Maria Izilda S. de; SOLER, Maria Angélica (Orgs.). *Gênero em Debate. Trajetórias e perspectivas na historiografia contemporânea*. São Paulo: EDUC, 1997.

MATOS, Maria Izilda S. de. *Trama e poder. Um estudo sobre as indústrias de sacaria para o café (São Paulo 1888-1934)*. Brasília: SESI-DN, 1997.

MENESES, José Newton C. *História & Turismo cultural*. Col. História &... Reflexões. Belo Horizonte: Autêntica, 2004.

MONTEIRO, John M. *Negros da terra: índios e bandeirantes nas origens de São Paulo*. São Paulo: Companhia das Letras, 1994.

MOTT, Luis. *Os pecados da família na Bahia de Todos os Santos (1813)*. Salvador: UFBA, 1982.

MOTTA, José Flávio. A família escrava na historiografia brasileira: os últimos 25 anos. In: SAMARA, Eni (Org.). *Historiografia brasileira em debate. Olhares, recortes e tendências*. São Paulo: Humanitas, 2002.

MOURA, Esmeralda B. B. de. *O processo de imigração em São Paulo nas primeiras décadas republicanas: questões em aberto*. São Paulo: CEDHAL/USP, 1996.

MOURA, Esmeralda B. B. de. A história da criança no Brasil: algumas reflexões a partir de dois textos. In: SAMARA, Eni de Mesquita (Org.). *Historiografia brasileira em debate: olhares, recortes e tendências*. São Paulo: Humanitas/FFLCH/USP; 2002, p.47-53.

MOURA, Gerson. *História de uma História*. São Paulo: EDUSP, 1995.

NADER, Maria Beatriz. *Mudanças econômicas e relações conjugais: novos paradigmas na relação mulher e casamento. Vitória (ES). 1970-2000*. Tese doutorado. São Paulo: FFLCH/USP, 2003. (mimeo.).

NADER, Maria Beatriz. *Os registros civis e o estudo das relações de casamento em Vitória (ES), 1970-2000*. Vitória: UFES, 2006. (texto mimeo.).

NAPOLITANO, Marcos. *História & Música. História cultural da música popular*. 2. ed. Col. História &... Reflexões. Belo Horizonte: Autêntica, 2005.

NAZZARI, Muriel. *O desaparecimento do dote. Mulheres, famílias e mudança social em São Paulo, Brasil, 1600-1900*. São Paulo: Cia das Letras, 2001.

NOVAIS, Fernando A. *Aproximações. Estudos de História e historiografia*. São Paulo: Cosac Naify, 2005.

NOZOE, Nelson; BASSANEZI, Maria Silvia C. B.; SAMARA, Eni de Mesquita (Orgs.). *Os refugiados da seca: emigrantes cearenses, 1888-1889*. São Paulo; Campinas: NEHD, NEPO, 2003.

ODALIA, Nilo. *O saber e a História. Georges Duby e o pensamento historiográfico contemporâneo*. São Paulo; Brasiliense, 1994.

OLIVEIRA, José de Alcântara Machado. *Vida e morte do bandeirante*. 3. ed. São Paulo: Livraria Martins Editora, 1953.

PAIVA, Eduardo França. *História & Imagens*. 2. ed. Col. História &... Reflexões. Belo Horizonte: Autêntica, 2004.

PALLARES-BURKE, Maria Lúcia. *Um Vitoriano nos Trópicos*. São Paulo: UNESP, 2005.

PESAVENTO, Sandra Jatahy. *História & História Cultural*. 2. ed. Col. História &... Reflexões. Belo Horizonte: Autêntica, 2005.

PINSKY, Carla B. (Org.). *Fontes históricas*. São Paulo: Contexto, 2005.

PRADO JR., Caio. *Formação do Brasil contemporâneo: Colônia*. 23. ed. São Paulo: Brasiliense; 2004.

PRIORE, Mary del. História das mulheres: As vozes do silêncio. In: FREITAS, Marcos Cezar de (Org.). *Historiografia brasileira em perspectiva*. São Paulo: Contexto, 1998, p. 217-235.

PUNTONI, Pedro. Os Recenseamentos do Século XIX: Um estudo crítico. In: PUNTONI, Pedro (coord.). *Os recenseamentos gerais do Brasil no século XIX. 1872 e 1890*. CD-ROM. São Paulo: CEBRAP, s/d.

REIS, José Carlos. *Nouvelle Histoire e o tempo histórico. A contribuição de Febvre, Bloch e Braudel*. São Paulo: Ática, 1994.

REIS, José Carlos. *Escola dos Annales. A inovação em História*. 2. ed. Rio de Janeiro: Paz e Terra, 2000.

REIS, José Carlos. *História & Teoria. Historicismo, modernidade, temporalidade e verdade*. 2. ed. Rio de Janeiro: FGV, 2005.

ROCHE, Daniel. *História das coisas banais. Nascimento do consumo. Séculos XVII-XIX*. Rio de Janeiro: Rocco, 2000.

RODRIGUES, José Honório. *A pesquisa histórica no Brasil*. 4. ed. São Paulo: Cia. Editora Nacional, 1982.

RODRIGUES, José Honório. *Historia e historiadores do Brasil*. São Paulo: Fulgor, 1965.

SAMARA, Eni de Mesquita. *As Mulheres, o Poder e a Família. São Paulo, Século XIX*. São Paulo: Marco Zero; Secretaria da Cultura do Estado de São Paulo, 1989.

SAMARA, Eni de Mesquita. *A família brasileira*, 4. ed. São Paulo: Brasiliense, 1993.

SAMARA, Eni de Mesquita. *Historia da família no Brasil: bibliografia comentada*. São Paulo: CEDHAL/USP, 1998.

SAMARA, Eni de Mesquita. A produção da ABEP na área de demografia em uma perspectiva histórica no conjunto da produção nacional: levantamento, análise e sugestões. In: BERQUÓ, Elza (Org.). *ABEP. Primeira década, avanços, lacunas e perspectivas*. Belo Horizonte: ABEP, 1988, p. 99-126.

SAMARA, Eni de Mesquita. Processos de divórcio e história da família paulista. *Cadernos de história de São Paulo*, n. 5, set./nov. 1996, p. 41-53.

SAMARA, Eni de Mesquita. Mão-de-obra feminina, oportunidades e mercado de trabalho no Brasil do século XIX. In: SAMARA, Eni de Mesquita (Org.). *As idéias e os números de gênero. Argentina, Brasil e Chile no século XIX*. São Paulo: Hucitec/CEDHAL/USP/ VITAE, 1997, p. 23-61.

SAMARA, Eni de Mesquita. Relendo os "clássicos" e interpretando o Brasil: Freyre e os estudos de família. In: KOMINSKY, Ethel Volfzon, LEPIONE, Claude e PEIXOTO, Fernanda Áreas (orgs.). *Gilberto Freyre em quatro tempos*. Bauru: EDUSC, 2003, p. 303-311.

SAMARA, Eni de Mesquita (Org.). *As idéias e os números de gênero. Argentina, Brasil e Chile no século XIX*. São Paulo: Hucitec/ CEDHAL/USP/VITAE, 1997.

SAMARA, Eni de Mesquita. *Historiografia brasileira em debate: Olhares, recortes e tendências*. São Paulo: Humanitas/FFLCH/ USP, 2002.

SAMARA, Eni de Mesquita. *Paleografia e fontes do período colonial brasileiro*. Estudos CEDHAL – Nova Série, n. 11. São Paulo: FFLCH/USP, 2005.

SAMARA, Eni de Mesquita; LIMA, Igor Renato Machado de. *Em busca da regeneração das almas: Os registros e as práticas de batismo no período colonial*. São Paulo: FFLCH/USP, 2006. (mimeo).

SILVA, Rogério Forastieri da. *História da historiografia*. Bauru: EDUSC, 2001.

SILVEIRA, William S. *O processo da comunicação*. São Paulo: CCINT, 2005. (mimeo).

SOIHET, Rachel. História das mulheres. In: CARDOSO, Ciro F. S.; VAINFAS, Ronaldo (Orgs.). *Domínios da história. Ensaios de teoria e metodologia*. Rio de janeiro: Campus, 1997, p. 275-296.

SOUZA, Jessé. A atualidade de Gilberto Freyre. In: KOMINSKY, Ethel Volfzon; LEPIONE, Claude; PEIXOTO, Fernanda Áreas (Orgs.). *Gilberto Freyre em quatro tempos*. Bauru: EDUSC, 2003.

SOUZA, Laura de Mello e. *O diabo e a Terra de Santa Cruz: feitiçaria e religiosidade popular no Brasil colonial*. São Paulo: Cia das Letras, 1994.

TUPY, Ismênia S. S. T. A demografia em uma perspectiva histórica. A produção da ABEP. 1978/1998. In: SAMARA, Eni (Org.). *Historiografia brasileira em debate. Olhares, recortes e tendências*. São Paulo: Humanitas, 2002, p. 127-164.

TUPY, Ismênia S. S. T. Retratos femininos: a família e a mulher nos censos demográficos. Brasil, 1920-1940. In: *I Jornada Internacional da História da Família: uma abordagem interdisciplinar*. São Paulo: CEDHAL/USP, 2003.

TUPY, Ismênia S. S. T. *Retratos femininos: Gênero, educação e trabalho nos censos demográficos. 1872-1970.* Tese de doutorado. São Paulo: FFLCH/USP, 2004.

VAINFAS, Ronaldo. Caminhos e descaminhos da História. In: CARDOSO, Ciro Flamarion; VAINFAS, Ronaldo (Orgs.). *Domínios da História.* Rio de Janeiro: Campus, 1997.

VAINFAS, Ronaldo. *Micro-História. Os protagonistas anônimos da história.* Rio de Janeiro: Campus, 2002.

VIANNA, Francisco J. de Oliveira. *Evolução do povo brasileiro.* 4. ed. Rio de Janeiro: José Olympio, 1956.

VIEIRA JUNIOR, Antonio Otaviano. *Entre paredes e bacamartes.* São Paulo: HUCITEC; Fortaleza: Fundação Demócrito Rocha, 2004.

VIEIRA JUNIOR, Antonio Otaviano. *Da pena do escrivão e outros personagens na América portuguesa: o Auto de Querela como fonte de pesquisa historiográfica.* Lisboa, 2006. (mimeo).

WITTER, José S. *Ibicaba, uma experiência pioneira.* 2. ed. São Paulo: Arquivo do Estado, 1982.

OUTROS TÍTULOS DA COLEÇÃO
História &... Reflexões

História & Fotografia

Autora: Maria Eliza Linhares Borges

A fotografia cria um profissional da imagem e inaugura não apenas uma nova estética, como também um novo tipo de olhar. Sua invenção muito tem a ver com uma sociedade cada vez mais laica, veloz, tecnológica e globalizada, na qual as pessoas convivem a um só tempo com o medo do anonimato, com a necessidade de preservar o presente, com a incerteza sobre o futuro e a esperança de construção de um mundo bem-sucedido. É sob essa perspectiva que este livro se propõe a analisar as relações entre a história-conhecimento e a fotografia. Para tal, buscou-se privilegiar as questões teórico-metodológicas relativas ao uso da imagem fotográfica na pesquisa e no ensino da História.

História & Ensino de História

Autor: Thais Nivia de Lima e Fonseca

Este livro propõe uma reflexão sobre a trajetória do ensino de História ao longo do tempo, no Brasil, e sobre as suas múltiplas faces, expressão da complexidade que o envolve desde que a História tornou-se uma disciplina escolar. Partindo de uma discussão metodológica sobre a história das disciplinas escolares, o texto caminha para a exploração sobre a história do ensino de História na Europa e nas Américas, verticalizando o olhar sobre esse ensino no Brasil desde o século XIX.

História & Gênero

Autora: Andréa Lisly Gonçalves

Como as relações de gênero vêm se estabelecendo na história é o fio condutor deste livro que, segundo a autora, se guia por uma abordagem que ressalta a natureza relacional da construção social das definições de feminino e masculino. Por meio de uma pesquisa sobre a escravidão, Andréa Lisly Gonçalves se deparou com um elemento que se despontou como importante instrumento para a compreensão dos processos históricos: o gênero. A autora faz um balanço do caminho percorrido pela história das mulheres e do gênero desde a década de 1960 aos dias atuais. Se a reflexão sobre essa temática sugere desafios para os estudiosos do tema, para homens e mulheres deve despertar interesse em se enxergarem além de suas diferenças biológicas e convenções já enraizadas na sociedade.

História & História Cultural

Autor: Sandra Jatahy Pesavento

Este livro aborda uma das principais posturas hoje trabalhadas, no âmbito da História, senão aquela que agrega a maior parte das publicações e pesquisas na atualidade. Analisa os antecedentes e os precurssores dessa postura, para discutir, a seguir, seus principais fundamentos epistemológicos, seu método de trabalho, correntes e campos temáticos, a diversidade de suas fontes, enfocando ainda sua ampla difusão e os novos parceiros que se apresentam para os historiadores, finalizando com algumas considerações sobre os riscos que tal postura enfrenta.

História & Imagens

Autor: Eduardo França Paiva

Eduardo Paiva traz-nos, neste livro, uma temática importante para os nossos dias: a imagem. A história se faz com fontes, e a imagem é uma fonte que oferece beleza e profusão de detalhes do passado; contribui também para o melhor entendimento das formas pelas quais, no passado, as pessoas representaram sua vida e se apropriaram da memória, individual e coletivamente. Imagens são, e de maneira não necessariamente explícita, plenas de representações do vivenciado e do visto e também do sentido, do imaginado, do sonhado, do projetado. Essas figurações de memória integram a base de formação e de sustentação do imaginário social, com o qual, queiramos ou não, convivemos cotidianamente.

História & Livro e Leitura

Autor: André Belo

O livro de André Belo conduz-nos através de um campo em que são inúmeras as produções sobre a história do livro e da leitura, nas quais se cruzam, entre outras, a teoria da literatura, a literatura comparada, a sociologia da leitura, a história das ideias, a história da educação. Ler em um livro a história do livro faz-nos entrar no debate atual e incessante sobre o seu futuro: resistirá o livro à internet e aos apelos da leitura fragmentada e distanciada? O que podemos aprender com os livros de nossos antepassados que, sem cessar, nos interpelam através de imagens no cinema, em pinturas ou em outros livros? Como terá sido quando Gutenberg criou a imprensa e o mundo tornou-se menor e já – talvez um pouco – globalizado?

História & Modernismo

Autora: Monica Pimenta Velloso

Em História & Modernismo, Monica Velloso expõe o movimento modernista para além de seu contexto literário, apresentando as amplas relações entre literatura e música, artes plásticas e imprensa – seja no contexto das revistas, dos cronistas, seja no contexto do trabalho dos caricaturistas, defendido no Brasil pelo crítico de arte Gonzaga Duque e na França por Baudelaire. A autora analisa o contexto político do modernismo, que fez repensar conceitos de toda a sociedade, e ainda trata de aspectos menos conhecidos, como a tentativa de integração social, sobretudo a aproximação da cultura erudita com a cultura popular. Numa visão anticanônica do movimento, o examina não apenas a partir de São Paulo, mas

COLEÇÃO "HISTÓRIA &... REFLEXÕES"

também do Rio de Janeiro, de Minas Gerais e Pernambuco, contemplando também o contexto latino-americano.

História & Música – *História cultural da música popular*

Autor: Marcos Napolitano

Marcos Napolitano, apoiado em sólidas bases teóricas, faz uma análise histórica das diversas vertentes musicais e culturais que construíram a música popular brasileira, em suas diversas formas, gêneros e estilos. Este livro realça o fato de que o Brasil é, sem dúvida, uma das grandes usinas sonoras do planeta e um lugar privilegiado não apenas para *ouvir* música, mas também para *pensar* a música, já que ela tem sido a intérprete de dilemas nacionais e veículo de utopias sociais. A música, sobretudo a chamada "música popular", ocupa o lugar das mediações, fusões, encontros de diversas etnias, classes e regiões que formam o nosso grande mosaico nacional. A partir de uma mirada local, é possível pensar ou repensar o mapa mundi da música ocidental.

História & Natureza

Autor: Regina Horta Duarte

Este livro aborda um dos temas mais importantes e polêmicos de nossa contemporaneidade – a questão ambiental – valendo-se de uma perspectiva histórica das relações entre as sociedades humanas e o meio natural. Escrito com a preocupação de dialogar com um público mais amplo do que o pertencente aos meios acadêmicos e, portanto, buscando formas de expressão mais simples, não abdica, entretanto, da intenção de construir uma análise densa e atenta à complexidade das questões envolvidas, recusando perspectivas simplificadoras.

História & Religião

Autor: Sérgio da Mata

Sérgio da Mata mostra a complexidade dos fenômenos religiosos e a dificuldade que enfrenta o historiador das religiões: de um lado se tem a atitude que o autor chama de "certeza incondicional afirmadora", e, de outro, a "certeza incondicional negadora" – atitudes de que ele procura se esquivar neste livro. Para tanto, o autor opta pela mesma cautela do sábio grego Simônides, quando se referiu ao problema da religião: "Quanto mais penso sobre esta questão, mais obscura ela se torna". Uma atitude interpretativa que se quer simultaneamente crítica e desapaixonada ante a religião.

História & Religião traz ao final uma "Pequena morfologia histórica da religião" que, afastando-se de conceitos tão problemáticos como "superstição" e "fanatismo", busca situar os historiadores no já secular debate sobre as crenças, práticas e instituições religiosas.

História, Região & Globalização

Autor: Afonso de Alencastro Graça Filho

Neste livro, Afonso de Alencastro Graça Filho se dedica à discussão sobre região e história regional por meio de múltiplas proposições historiográficas, contemplando a rica relação entre geografia e história. Partindo do entendimento de que o espaço é construído pelas preocupações que orientam o trabalho do historiador e que nenhuma delimitação se impõe, a princípio, de forma natural, o autor mostra que a coerência do recorte espacial precisa estar em sintonia com o objeto da pesquisa. Para isso, apresenta, nesta publicação, as propostas teóricas e metodológicas da micro-história e da história regional.

Trazendo a discussão para a contemporaneidade, o livro aborda as características tensões regionais e da globalização, evidenciando a relação conflituosa entre a assimilação cultural e o respeito à alteridade. Multidisciplinar, este debate que se constrói é um convite à apreciação de uma abordagem eclética das dimensões regionais na história e na atualidade.

História & Turismo Cultural

Autor: José Newton Coelho Meneses

Segundo o autor, a possibilidade de integração interdisciplinar na produção do entendimento das culturas exige um esforço

COLEÇÃO "HISTÓRIA &... REFLEXÕES"

reflexivo para que não se produzam teorias e conceitos que reforcem a dicotomia entre vivência e legado histórico. O patrimônio é vivo, e é necessário adiantar que é impossível colocá-lo na prateleira expositiva de nossa memória, como a colecionar lembranças curiosas, a despeito de esse procedimento ser mais fácil e usual. Material ou imaterial, as construções culturais são parte de um uníssono de experiências históricas, vivificadas de forma integrada, portanto, dinâmicas no tempo.

História & Sociologia

Autor: Flávio Saliba Cunha

Bem ou mal, Sociologia e História sempre se apropriaram dos esforços particulares uma da outra. A primeira incorporando as múltiplas interpretações dos historiadores sobre a vida política, social e econômica no passado; a segunda se utilizando de métodos e conceitos esboçados pela Sociologia. Acontece que o sociólogo, ao tentar preencher eventuais lacunas historiográficas em termos de explicações estruturais, arrisca-se a fazer má história, enquanto o historiador que recorre ao instrumental sociológico para sanar tais lacunas pode revelar-se mau sociólogo, entre outras razões, por incorporar conceitos imprecisos, tais como o de estrutura. Se admitimos que História e Sociologia são disciplinas complementares e interdependentes, mas que ambas enfrentam crises de ordem epistemológica que dificultam o diálogo entre elas, resta-nos lembrar que a superação desses problemas se afigura como condição indispensável ao desempenho solidário de suas respectivas funções, como diria Durkheim.

Este livro foi composto com tipografia Minion Pro e impresso
em papel Off Set 75 g/m² na Formato Artes Gráficas.